SONGSHIJIAZU DANGANQUANJIEMI

宋氏家族档案全揭秘

马驰原◎编著

美貌、智慧、权力集于一身的

宋氏姐妹，灿若星辰。

金钱、权力、荣誉、智慧集一身的宋家兄妹，光辉难掩。

華文出版社
SINO-CULTURE PRESS

图书在版编目（CIP）数据

宋氏家族档案全揭秘 / 马驰原编著. — 北京：华文出版社，2011.9（2021.4 重印）

ISBN 978-7-5075-3536-5

I.①宋… II.①马… III.①宋子文（1894～1971）-家族-史料

IV.①K820.9

中国版本图书馆CIP数据核字（2011）第166181号

书名：宋氏家族档案全揭秘

标准书号： ISBN 978-7-5075-3536-5

责任编辑： 吴素莲

出版发行： 华文出版社

地　　址： 北京市西城区广外大街305号8区2号楼

邮政编码： 100055

网　　址： http://www.hwcbs.com.cn

电子信箱： wusulian567@yahoo.com.cn

电　　话： 总编室010-58336239　发行部010-58336270

经　　销： 新华书店

印　　刷： 北京建泰印刷有限公司

开　　本： 787×1092　1/16

印　　张： 19.5

字　　数： 300千字

版　　次： 2011 年 9 月第 1 版 2021 年 4 月第 3 次印刷

定　　价： 49.80 元

序言

一个家族 震撼一个时代

古老的黄河流域，饱经风霜，几度迁徙，黄河文化、黄河民俗、黄河文明、黄河风情滋养了千秋万代的中华儿女。显赫一时的宋氏家族，就源于黄河北岸古称相州的河南安阳。

这个家族的遗传基因，曾经左右着中国历史的变迁。中国的近代史首书当是“宋家皇朝”。

民国“岳父”宋耀如，远祖相州安阳人，本姓韩，其父韩鸿翼乃一位儒商，为人宽厚，热心公益事业，为乡人所敬重。夫人王氏，端庄文静，能诗善书，博文通理，夫妇生有二男一女，长男即宋耀如，又名宋嘉树，西名宋查理，是最早获得西方大学教育的大实业家，与其妻倪桂珍生有三男三女。

宋耀如当初凭着深邃的眼光，先后将六个子女送到西方，成就了中国政治、经济舞台上举足轻重的六位人物。三姐妹宋霭龄、宋庆龄、宋美龄，一个爱钱，一个爱国，一个爱权。她们在中国的百年政坛上缔造了辉煌的历史。三兄弟宋子文、宋子良、宋子安，三位洋博士在民国的经济舞台上施展拳脚，叱咤风云，甚至还影响过20世纪40年代美国的政坛。

宋氏家族历史，就是一部简单的中国近、现代史。宋家的三姐妹将民国教父孙中山、一代枭雄蒋介石、财政大臣孔祥熙紧密“团结”在宋氏家族周围，演绎了一幕幕有爱有恨、有声有色的活幕剧。亦可以说，“蒋宋孔陈”四大家族间以及其家庭内部的矛盾，就是整个中国近、现代经济、政治问题的矛盾，也正是这些矛盾，使国民党统治的崩溃成为必然。

有道是：“无可奈何花落去，似曾相识燕归来。”“念往昔，繁华竞逐。”“叹门外楼头，悲恨相续。千古凭高对此，漫嗟荣辱。”沧桑已逝，荣辱繁华都已随风而去，纵观历史沉浮，凉夜如井，古道扬尘，弹指一挥间，白了头，百年光阴如白驹过隙。美国

当地时间2003年10月23日23时17分（北京时间24日11时17分），横跨了三个世纪，经历了中国百年巨变和风云变幻的参与者和见证者、走过漫长的106年光阴的宋美龄在美国纽约曼哈顿家中去世。至此，宋氏家族的显赫历史已一去不复返，曾经亲历过兴衰与共的四大家族的显赫人物都已相继离去，风光一时的历史风云落下了帷幕。

屈指算，光阴荏苒，四大家族的显赫人物大都魂飘异国，客死他乡，几经沉浮，演就的又是怎样的人生，怎样的故事？为此，不妨拉开帷幕，让披着历史尘埃的宋氏家族的人物粉墨登场，重演历史的过往。

哀哉，一代“王朝”！

悲哉，一代家族！

目录

序　言　一个家族　震撼一个时代 001
第一章　宋氏家族影像过去时 001
独在异乡为异客 001
少年心事如浮云 005
小登科接大登科 017
第二章　宋霭龄私密生活影像 029
有女初长成 029
会得离人无限意 033
倚门回首，却把青梅嗅 039
上路笙歌满，春城漏刻长 051
月照城头乌半飞 067
第三章　宋庆龄私密生活影像 077
小荷才露尖尖角 077
泛彼柏舟，在彼中河 085
十年携手共艰危 100
双剑欲别风凄然 108
雪虐风号愈凛然，花中节气最高坚 120
坐看云起时 131
第四章　宋美龄私密生活影像 135
不知何处是他乡 135
之子于归，宜其室家 145
休言女子非英物 164
眼前名利同春梦 200
第五章　宋子文私密生活影像 213
稚子金盆脱晓冰，采丝穿取当银钲 213
青莲三居士，昼景真赏词 226
桃叶传情竹枝怨 235
迎得春光先到来 240
人言道路古来难 244
银筝锦瑟声相调 256
玉楼金殿影参差 264
生涯何事多羁束 273
寂寞繁花尽，流莺归莫来 292
后　记 303
宋氏家族族谱 305

第一章

宋氏家族影像过去时

风光旖旎的海南岛上，文昌县犹如一颗明珠，镶嵌在名山秀水中。背靠的黎山笼罩着葱翠润泽之气，面朝的大海熏风宜人，一派瑰丽的热带风光。正是美丽的文昌县城，孕育出一个又一个传奇性的人物：数百年前，清官海瑞从这里走出，在中原大地留下“青天”的美名，留下了荡不尽的浩然正气和一身傲骨清风。几百年后，一个清瘦的少年从这里登船，前往大洋彼岸陌生的国度，这一去，又一代伟人诞生了——这少年便是宋耀如，赫赫有名的宋家王朝创始者，当时，他的母亲依然用乳名“阿虎”称呼他……

独在异乡为异客

宋耀如本名韩教准，出生在文昌县昌洒区古路园村一个普通商人家中，父亲名叫韩鸿翼，为人儒雅，颇得当地人的尊重；母亲王氏出身大家，端庄美丽，并且能读书写字，常常给孩子们讲述历史故事，可以说韩家的孩子自幼受到了比较好的家庭教育。宋耀如兄弟三个，哥哥叫韩政准，弟弟叫韩致准。1866年宋耀如出生时，黎山的老虎居然千年不遇地走出深山老林到文昌江喝水，乡下人都觉得这是个大吉之兆，都说文昌要出大人物啦！韩鸿翼想，这样的吉照没准儿应在刚出生的儿子身上呢，于是给宋耀如起了个小名“阿虎”。

不过，阿虎似乎并没有给韩家带来好运。不久，韩鸿翼染上了瘟疫，生意耽误了不说，每天还得大把吃药，银子流水似的到了药店、医生口袋里，尽管这样，病情却不见好转，家中境况日见凄凉。生活所迫，阿虎和哥哥只得流落到印度尼西亚的爪哇岛，在一个远房亲戚那里当学徒，勉强糊口。

然而，命运女神似乎总在不经意间给某些人一些意想不到的机遇。1875年，阿虎一个在波士顿做生意的宋姓堂舅从美国回来探亲，路过爪哇岛，聪明伶俐的阿虎给这个堂舅留下了极为深刻的印象。于是，这个膝下无子的丝茶商人有了收养阿虎做螟蛉之子的念头。

阿虎起初并不同意，因为阿虎与父母亲感情很深，不愿意和家人天各一方，更不愿意听从堂舅的意思改姓宋。然而，见多识广的堂舅给阿虎讲了许多传奇的故事：身无分文的外乡人怎样在美国变成了百万富翁，西部的广袤土地又是怎样吸引着成批的拓荒者，太平洋上的巨轮里载着一批又一批怀揣着美好愿望的冒险家向美国驶去……年幼的阿虎听得入了迷，这是个神奇的国度啊！或许，跟着舅舅出去也是件好事吧？

不久，韩鸿翼和妻子商量后同意了过继阿虎给宋姓堂舅的提议。堂舅高高兴兴地给阿虎买了新衣服，并且给阿虎起了新名字：改姓宋，名“嘉树”，又名“高升”，号“耀如”，从此阿虎正式成为堂舅的养子。

这年夏天，宋耀如随养父从太平洋上乘船前往美国。一望无际的大海上，养父语重心长地对宋耀如说：“孩子，以后的日子就像这大海上的浪，苍天下的云，处处有起伏，时时有风险。不管遇到什么样的险恶情况，记住：只要不灰心，不绝望，拼着命去闯，就能逢凶化吉，遇难呈祥。”这几句话平直、朴素，却是养父毕生的经验之谈，宋耀如谨记养父的教诲，在此后的人生中，宋耀如从这些话里受益匪浅。

只是两人出发时都没有想到，迎接他们的，居然是这么一段艰辛的旅途。当时，要从中国到美国东部，通常由秘鲁、智利海域向南航行，经过拉丁美洲南端的麦哲伦海峡或

※ 年幼的宋耀如带着好奇，随舅父乘船前往美国，开始了他极富传奇色彩的人生。

者合恩角进入南太平洋，再沿着阿根廷海岸北上到北大西洋。这是一条漫长的航线，也是一条充满危险的航线：因为这条路上不仅有变幻莫测的洋流和充满艰险的海域，还有凶残成性的海盗威胁着过往的船只。

果然，出发后没多久，在太平洋的尽头，即将进入麦哲伦海峡的时候，他们的船撞上了从南极漂来的巨大冰块，船舵损坏了，失去了控制的海轮像断线的风筝，随着海水的方向向南极漂去，一船人顿时慌了手脚。庆幸的是，到了南极圈后，这艘大船搁浅在了一座小岛上，一船人这才死里逃生。这时，从恐惧中逃出的宋耀如忽然发现自己置身于企鹅的包围中，顿时欢笑起来，这些小动物是多么可爱啊！后来宋家的孩子们都喜欢听宋耀如讲述南极那些可爱的企鹅，童心未泯的宋耀如还常常模仿企鹅走路的模样，引得霭龄姐弟们笑得前俯后仰。

不过，灾难并未结束。船只经过抢修后终于再次起航，好不容易闯出南极圈，却在麦哲伦海峡遇上了一伙海盗。海盗们蜂拥而上，控制了海轮，将所有乘客身上值钱的东西一扫而光。庆幸的是，这些海盗并未杀人，加上宋耀如的养父也没带什么贵重物品，两人再次逃过一劫。海盗下船后，养父意味深长地对宋耀如说："孩子，看来你福大命大造化大啊，上帝一定会保佑我们发财的！"

等到父子俩终于结束这场旷日持久的旅程，来到波士顿时，已经是1877年的冬天了。宋耀如在养父的丝茶商号"北美华商先锋"安顿下来，过上了富足而又安定的生活。养父对手脚麻利、反应机敏的宋耀如很是满意，他打定主意，自己百年之后，就将铺子交给这个大有前途的年轻人。

宋耀如在这异国他乡，邂逅了影响他今后人生道路的两个人：牛尚周和温秉忠。

牛尚周和温秉忠是清政府派出的留学生，三人一见如故。在相处的日子里，充满理想的温秉忠、牛尚周经常向宋耀如灌输用西方先进科学和体制改造中国的思想。

思想活跃的宋耀如渐渐确定了读书求学，做一番大事业的决心，小小的丝茶铺子又怎能容下他宏伟的抱负呢?

不久，宋耀如将心中所想告诉了养父，养父大吃一惊。这个满脑子生意经的本分商人认为，只要做好铺子里的事，赚到了养家糊口的钱，也就足够了，又何必去读书，何况宋耀如读书后是要回国效力的，这又何苦呢？在富裕先进的美国不是更好吗？再说自己已经打算百年后将辛苦创下的家业全部交给宋耀如，他又何必读书，认真学点生意，打理好铺子的事不是更好吗？——养父坚决反对宋耀如的想法。

无数次游说失败后，宋耀如终于按捺不住了。小小的铺子已不再是安乐的容身之所，自己的志向，是在那广阔的天地啊！1879年一个寒冷的冬天，宋耀如打点好自己简单的行李，偷偷从养父家中出走，他没有带走养父给自己的任何东西，不过他的手腕上戴着一个式样古老的金镯——这是他母亲的嫁妆，当年离家时母亲亲手给他戴在手上的。

少年心事如浮云

离开了养父家的宋耀如并不清楚自己宏伟志愿的第一步该怎么走，他只是觉得，必须尽快离开这个地方。这个毫无畏惧的孩子偷偷溜上了一艘泊在波士顿港口的即将起航的小船，在躲过了众多船员的耳目后，他溜进了刚刚冲洗好的厕所，然后把自己反锁在里面，这样一来，几乎是万无一失了。

船离开港口30海里后，一个船员上厕所时发现了他，于是这个自以为得计的“小犯人”被拎到了船长查尔斯·琼斯的面前。宋耀如偷偷看了一眼貌似严厉的船长，这个大个子、高颧骨、蓝眼睛的人似乎也不那么可怕嘛。

船长大声地说话了：“你知道这是一艘什么船吗？你知道擅自爬上这样的船会有什么后果吗？这是美国海岸警备队一艘出海执行公务的缉私船！你私自爬上这条船，我们只能认为你是走私犯派到船上的暗探，按规矩是要把你扔到海里喂螃蟹的！懂吗?”

宋耀如一听这话就懵了，怎么办？不过，过了一会儿他就镇定下来了，虽说船长嘴里说得严厉，可脸上不是凶神恶煞的表情，再者，自己也不是走私犯的暗探，怕什么呢？他定了定神，用英语流利地回答："船长大人，我知道我这样做的危险性。但是为了我追求的目标，我已经把任何危险都置之度外了。我是一个中国人，我认为美利坚是一个崇尚自由民主的国家，所以我才敢不顾一切地大胆行动。我还是个孩子，如果你真的把我喂螃蟹，是不费吹灰之力的，可是……"

※ 宋氏家族的奠基人——宋耀如。一个集牧师、工商业者、革命党人三种身份于一身的传奇人物。

“可是什么？”琼斯船长提高了嗓门。

“可是您将失去一个擦皮鞋的好伙计。看样子您的皮鞋已经有三天没擦了吧？”宋耀如调皮地眨了眨眼睛。

琼斯船长乐了：“啊，小家伙，好一副伶牙俐齿！你究竟想利用美国的自由追求什么样的目标，能不能仔细讲给我听听？否则，你是逃不掉惩罚的。”琼斯船长也谈起了条件。

局面已经缓和下来了，宋耀如不慌不忙地把自己立志求学，报效祖国的想法一五一十地告诉了琼斯船长。琼斯船长听得不停地点头表示赞同，他没想到，一个年幼的中国男孩居然肯抛弃现有的家业，不畏艰辛地追求自己的理想，他被深深地打动了。不等宋耀如说完，琼斯船长已经决定收留他，就这样，宋耀如在这艘缉私艇上落下了脚。

慈爱的琼斯船长十分喜爱宋耀如，给了他慈父般的温暖和关怀，他给宋耀如起了个英文名字“查理·琼斯·宋”，从此，宋耀如的朋友都叫他“查理”。

眨眼间，查理在船上已经生活了一年多了。勤快勇敢的他赢得了船员的一致好评，每个人都把他当成自己钟爱的小弟弟。查理还在船上学会了击剑、拳术、唱歌和吹小调，生活是那么的欢快。闲暇的时候，琼斯船长这个虔诚的基督徒经常向查理阐述基督教的教义，灌输美国新教的原旨，讲述耶稣传教的故事，查理被深深地吸引住了。当他听了基督教徒为了拯救人类灵魂而甘愿受苦的事情后，便把这些信徒和琼斯船长合成了一个人，他的心渐渐地贴近了基督教，贴近了美国人的信仰。

1880年11月7日，缉私船停泊在威尔明顿港口，琼斯船长将查理带到第五街卫理会，在那里查理接受了洗礼，成了一名基督教徒，威尔明顿的《明星报》为此特刊登消息，称查理是中国在北卡罗来纳州接受基督洗礼的第一人。

为了让查理尽快实现上学的愿望，琼斯船长写信给他的上司财政部长，请求让查理·琼斯·宋退役。但是，读书的费用不是一笔

※ 宋耀如那时的年龄本应是如同图中同龄的孩子一样，在学堂里读书、嬉戏，而他却过早地经历着磨难。

小数目，该怎么办呢？琼斯船长的朋友罗杰·穆尔上校想起了美国南方的有钱人——北卡罗来纳州达勒姆的朱利安·卡尔将军，他写信给卡尔将军，请求他资助查理。卡尔将军要求亲自见见这个将要接受资助的孩子后再做决定。在琼斯船长的安排下，卡尔将军和查理见面了，将军当面向查理提出了许多问题，查理不慌不忙地做出了自己的答复。听过查理的回答，将军认为，这个来自中国的年轻人不仅聪明机智，而且具有很强的冒险精神和不畏困难的勇气。这正是自己需要帮助的人。满意的卡尔将军慷慨解囊，做了查理的监护人，并且支付了查理上学的全部费用。查理终于可以读书了！

第二年，查理作为圣三一学院的特别预备生注册了。教授们同意让他进入课程十分紧张的预备班，把其他学生几年才能学完的课程压缩在几个月内全部教授给查理。查理学得十分用功，加上他天资聪颖，记忆力超群，很快就掌握了教授所教的知识，教授们十分高兴。不仅如此，查理对《圣经》还表现出一种异乎寻常的热情，这让希望他成为传教士的教授们喜出望外。在学习期间，查理住在圣三一学校的甘纳韦教授家中，学习地点安排在克雷文院长家中。克雷文院长夫人是一位学识渊博的女子，她承担起查理的家庭教师的责任，主动为查理辅导功课，使查理取得了巨大的进步。教授们称赞他为“聪明的东方星”。

查理对自己的进步也十分兴奋，他写信给牛尚周、温秉忠两位好友，讲述了自己的学习和生活。接到信后，两人欣喜若狂，他们没想到，当年在茶馆、饭店听自己讲述理想、抱负的丝茶店小伙计如今也成了优秀的大学生！他们为查理的幸运欢呼，也为自己有这样的朋友而自豪。渴望见到好友的冲动让两人立即动身，赶往圣三一学院去看望查理。多年不见，三个志同道合的伙伴拥抱在一起：一眨眼间，昔日稚气未脱的男孩都成了风度翩翩的小伙子！相聚的欢喜还没有褪去，他们已经围坐在一起，开始畅谈理想。熟悉国内形势的温、牛二人向查理讲述了国内此起彼伏的革命浪潮和腐朽的清政府垂死的挣扎，查理十分激动，他们三人决定，一旦学成，一定要返回祖国，干一番轰轰烈烈的事业，让落后的祖国彻底变样。

收到查理信的还有查理远在文昌的父亲韩鸿翼，可以想象，当这封久违的家书穿越重洋交到韩鸿翼手中时，他该是多么高兴啊！

在圣三一学院学习了近一年，查理也长成了一个英俊潇洒、风度翩翩的小伙子。年轻的查理常常穿一件素雅合体的哔叽西服，里面是一件亚麻布衬衫，外面罩着一件花纹雅致的背心，色调协调的领带稳稳地固定在领子下面，使他显得十分帅气和干练。查理性情温和，脸上常挂着充满活力的笑容，吸引了不少正值豆蔻年华的女孩子的注意。当时认识查理的许多美国女孩都在心里暗自喜欢这个漂亮得出奇的少年，好几个美国姑娘的口袋里都放着查理的小照片，甚至有的女孩在成为别人妻子几十年后，仍然保存着查理的照片，回忆着年轻时的美好时光。当然这些都是后话。当时所有倾心查理的女孩中，卡尔将军的侄女、圣三一学院的卡尔教授的女儿埃拉·卡尔小姐是最主动的。

卡尔小姐是一个热情奔放的南方女孩，金发碧眼的她在当地也是屈指可数的美人，但是，这位美国美人却将丘比特之箭射向了来自中国的宋查理。为了找到和查理相处的机会，卡尔小姐常常建议父亲邀请查理到家中做客，不明就里的父母自然答应了她的要求，于是，每当查理坐在卡尔小姐家的大厅聆听卡尔小姐美妙的琴声时，同时感受到的，还有卡尔小姐那含情脉脉的目光。

一次，查理来拜访时，恰好卡尔小姐的父母不在，卡尔小姐在弹奏了一曲狂热的爱情圆舞曲后再也控制不住自己汹涌的爱情之火，她用西方人惯有的表达方式，扑进查理怀中，向他倾诉了自己的爱慕之情。美人在

※ 少年时的宋耀如机敏过人，满怀理想。图为 1913年，宋耀如(三排右一)在日本神户时，和同盟会部分成员的合影。

怀，查理顿时面红耳赤，而卡尔小姐那份热烈的感情，又使他感动不已。然而，爱情并没有冲昏查理的头脑，他想到了可能发生的后果，想到了自己的责任，也想到了两人之间可能存在的障碍，他轻轻挣脱姑娘的拥抱，冷静地对埃拉说："你是一位非常漂亮而且心地善良的姑娘，我从内心深处喜欢你。但是，对于婚姻问题，我目前不能做出承诺。我作为一个男子，不仅负有社会的责任，也负有对家庭的责任。在我的事业没有成就，经济收入不足以供养家人之前，我是不能考虑婚姻问题的。"

激动的埃拉叫喊起来："不！那是你们中国迂腐的观念！你应该知道在我们这里爱情高于一切。为了爱，我们什么都不要考虑，什么都不要计较。我就爱你！爱你！爱你爱你！你必须答应我……"说着，埃拉伸出双臂又一次紧紧地拥抱住了查理。

查理激动异常，但是他仍然保持着理智："埃拉，让我们做朋友，等到有一天我具备了条件，我一定郑重地向你父母求婚。"

"太好了！"埃拉喜出望外，激动地拥抱着比自己矮半头的查理，狂吻起来。

然而，不巧的是，正当埃拉和查理沉浸在对未来的幻想中时，埃拉的母亲突然出现在门外。这是一位对中国人有成见的美国人，她将女儿同查理的爱情看做惊天丑闻，怒不可遏地赶走了查理。

埃拉固执的父母无法原谅查理的行为——他居然和自己的女儿恋爱！他们不许女儿再跟查理见面，并且将查理当成罪魁祸首。查理没办法继续留在圣三一学院了，在穆尔上校的帮助下，他转学到万德比尔特大学神学院继续学习。

离开钟情的姑娘，离开十分热爱的学校，查理的心里充满了失落和感伤。不过，离开了这里却也相当于离开了非难和猜疑的包围，失意的查理同时又感到了一种轻松——人生快乐为什么总是和

※ 生女当如父。成年后的宋美龄如当年父亲那般的睿智机敏。

痛苦相伴随而来呢?

在万德比尔特大学的日子是忙碌而又充实的，查理每天都有繁重的课业。他努力学习英文、拉丁文，学习成为一名好的传道士所必须拥有的知识，他的进步是有目共睹的。沉浸在学习中的查理偶尔会想起埃拉，这时他的心中满是苦涩。他曾经想在美国寻找一个志同道合的伴侣，以后一起到中国传播先进文化，但事实证明，美国人也并不像他们说的那样自由和民主，自己和埃拉的悲剧就是这些自称民主的人们一手造成的。出于对埃拉的感情，也出于对美国更进一步的了解，查理没有再和任何一个美国姑娘有过深交，一直到他读完大

※ 学校里的查理永远是风度翩翩的，就是在这里他迎来了自己的爱情。

学，他仍然是个单身汉。

1885年，查理以优异的成绩从大学毕业了。这时，他收到了母亲的家书，得知故乡文昌县瘟疫肆虐，尸横遍野。更令人心痛的是，由于害怕传染，许多染病而亡的乡民在临终前连亲人的最后一面都见不着，往往是刚咽气就被火葬，情景十分悲惨。后来，一位略通西医的华侨带回许多西药，挽救了很多乡亲的生命。悲天悯人的母亲在信中嘱咐查理最好能在美国学习医术，以便将来归国后能够救死扶伤，为乡亲做点实事。查理看完信后十分赞同母亲的看法，他立即找到监护人卡尔将军，提出了学医的请求。

通情达理的卡尔将军同意了查理的要求，他答应，在查理通过医学院的入学考试后将继续资助他。然而，查理想不到的是，虽然他顺利地通过了考试，教会却并不希望他继续留在美国读书。当时美国各地的教会向中国派出了大批的传教士，查理所属的卫理会就是这些教会团体之一。因为觊觎中国这片尚未开垦教会的处女地的组织太多了，彼此间的竞争十分激烈，卫理会急于想在中国占有自己的一席之地，巩固自己的势力范围。为此，大批熟悉中国又忠于卫理会的传教士成了急需的“货物”，而查理正是理想的人选。卫理会怎么能坐视他继续留在美国，而不能够马上为卫理会的利益作贡献呢？于是，在查理毕业后不久，北卡罗来纳州监理会在马克谛耶主教的主持下，任命查理为监理会见习牧师，立即派往中国传教，在上海的林乐知牧师手下工作。宋耀如别无选择。

※ 年轻时的宋耀如潇洒英俊，不过在那个自由的国度里，他的爱情却得不到尊重。

其实，当时马克谛耶主教还给林乐知写了一封信，交代了对待查理的态度，并且指示说："在他到中国去工作之前，不要把他身上那种'中国佬'的味道都磨干净。"他还写道，让查理做一个辛苦工作的传教士，生活艰苦点也行，"没有轿子就走着去"。对于应支付给查理的工资，他坚持只能给一个当地雇佣工人的价钱，尽管查理是一个拥有美国大学正式颁发的学士证书的神职人员。马克谛耶认为，只有这样的待遇才能保证查理不会被惯坏，不会成为一个"失去民族性的中国佬"。从这封信里，显然可以看出，尽管是自称开明并且确实让查理受到高等教育的美国神职人员，他们的心中仍然认为中国人是比自己低等的群体，中国人根本不能和美国人相提并论。对查理来说，幸运的是他一生都没有看到这封信。毕业那天，他怀着无比兴奋的心情跑到校长办公室，向马克谛耶主教告别，感谢他多年的栽培，并表示一定会做出一番事业来报答亲爱的主教……

1886年，查理登上了回国的客轮，一路乘风破浪，飞快地向祖国驶去。大海瑰丽的风光已经不再吸引查理的注意力，他的心中，有一团火在燃烧——祖国啊，你阔别了14年的儿子就要回来了！

小登科接大登科

满怀壮志豪情的查理终于踏上了祖国的土地，这一次，他的落脚点是上海。自从来到上海后，查理便开始钟情于这个地方，在以后的32年中，除了“二次革命”失败后袁世凯疯狂捕杀革命党人的那段时间外，宋耀如一直居住在上海。就在他去世后，坟墓也选择在了上海，而没有选择老家文昌。

不过，查理在上海最初的时光并不是那么惬意，他的上司，卫理会的林乐知博士并不欣赏他。林乐知将这个充满了对未来憧憬的年轻人安排在吴淞口布道，月薪还不到15美元。除布道之外，查理必须担起照看教会学校里的孩子的责任，否则，连15美元他也领不到。当时学校的这批小孩都是从乡下过来的，没受过什么教育，调皮得出奇，为了罩住他们，查理着实下了一番工夫。而这些小孩却不被查理的努力感动，每当查理走上讲台，孩子们看到他宽阔的身体，剪得短短的头发和华南人的长相时都要在下面起哄。不过，查理也有对付他们的一套，那就是以不变应万变。时间长了，这些捣蛋鬼渐渐被查理讲述的内容吸引了，开始不再捣乱了，来听课的人数也从最初的12人上升到了24人，其中就有后来在民国时期出尽风头的胡适。

在学校，查理征服了学生，然而在学校外面，市民们却不那么接受他。当时的中国老百姓还都穿着黑布长衫，鼓囊囊的上衣和臃肿的裤子，脑袋后拖着一条大辫子。查理虽然长着中国人的脸，头发却剪得短短的，而且还左右分开，梳得又十分整齐，还穿西式服装。每当装束奇异的查理经过时，小孩子就在后面大叫“洋鬼子”，大人们则轻蔑地叫他“小矮子”。

老百姓不认为查理是中国人，林乐知也不认为查理是美国人，在他看来，查理顶多称得上是个有抱负的农民，他决心剥夺查理身上一切和美国人相仿的东西。于是，他命令查理学上海话，少说英语。被派来教授语言的还有一个中国人，名叫查理·马歇尔，不过

※ 在事业上不如意的查理，却意外地收获了爱情。

两个查理的相处并不愉快，他们常常争执该怎样用准确的英语表述中文。最后，马歇尔勃然大怒对查理·宋大吼："你这个自命不凡的家伙！你给我滚！免得我再看见你生气！"

查理被派到上海远郊的昆山，当了一名巡回传教士。在这僻陋的乡间，查理更加孤独了。由于他不同于普通百姓的装束，他一直受到当地群众的排斥。最后，他不得已放弃西式服装穿起了长袍，还在头上戴了一顶瓜皮小帽。不过这样做并没有改善现状，查理仍然是那么孤独，找不到一个可以说话的人，他经常躲在屋里，回忆过去的快乐时光。

除此，查理的厄运并没有结束，不久，传来了埃拉·卡尔小姐病逝的消息，据说她是由于不能和查理长相厮守，郁悒而亡的。查理伤心极了，为了表达对埃拉小姐的怀念，他决定终身不娶……

然而，塞翁失马，焉知非福，一天，深感苦闷的查理在黄浦滩上散步，忽然听到身后一个熟悉的声音在叫他："查理，是你？"

查理回过头去，意外地发现了牛尚周。多年不见，他更加英俊了，挺拔的身材显得那么潇洒，端正的面庞上那双热情的眼睛，使查理顿时感觉到一股暖流激荡在全身。

刚刚留学归来的牛尚周是第一次在国内碰到查理，两人激动地拥抱了很久。查理像个受委屈的孩子一样说："尚周，你们终于回来了，这些天，我是多么孤独啊，只有影子跟我做伴。"

"怎么，你到现在还没有夫人？"牛尚周有

些吃惊，怎么可能，以查理的一表人才和良好的教育背景，至今竟仍未觅得一知心佳人?

“夫人？我这一生恐怕只能单身了！”查理叹口气说，“像我这样的人，人家当面叫我洋鬼子，姑娘见了我躲得远远的，谁家的岳丈肯招我这样的女婿。”

“哦，原来是为这个发愁，”牛尚周哈哈大笑：“别担心，查理，我来给你当媒人吧！”

牛尚周的话并非无心之言。当时，他也刚刚回国，和好朋友温秉忠一起娶了中国最古老的基督教家庭之一——倪家的两个女儿。新婚之喜尚未消散，牛尚周和温秉忠已经开始为好友查理的婚事奔波，他们看准了，有一个姑娘一定能成。

这个让牛尚周和温秉忠都觉得不错的姑娘就是两人的小姨子，倪家的三女儿倪桂珍。

倪桂珍出身名门，母亲是明朝著名宰相徐光启的后代，徐家自利马窦来华之后就皈依了基督教，家人都是虔诚的基督教徒。当时倪家人居住的地方，就是徐家产业的所在地、闻名上海的徐家汇。倪桂珍的父亲倪一山是一个法律学造诣很高的学者，活跃在社会上层，各界都有他的好友。他曾经是倪桂珍母亲的家庭教师，后来和自己的学生萌生了爱情，正式结婚，他也是一个虔诚的教徒。倪桂珍姐妹三人，个个美丽端庄，像后来的宋家姐妹一样是难得的姊妹金花。不过，老幺倪桂珍的婚姻却一直是个老大难。原来，当时的观念中，女孩儿从小必须缠脚，倪桂珍却不是。当她年幼时，母亲按惯例给她裹脚，她却产生了严重不适，发起了高烧，父母心疼小女儿，从此不再给她缠脚。可是长着一双大脚的倪桂珍到了18岁后却无人问津，媒人们一听是个大脚，个个摇头不止，美丽的姑娘成了滞销货，父母焦虑不止。

不过，倪桂珍虽然是天足，却是家中最爱读书的孩子。她从5岁起就跟着一位家庭教师学习汉字、书法和经书，8岁上布里奇曼女子学校，14岁直升上海西门的佩文女子中学，17岁顺利毕业。她不仅

※倪桂珍，当年那个温婉美丽的女子，用她博爱的胸怀孕育了一群不平凡的儿女。

成绩优良，还弹得一手好钢琴，实在是不可多得的好女子。

为了撮合查理和倪桂珍，牛尚周和温秉忠可谓煞费苦心。旧时不经正式介绍难以见面，可是他们又怕查理不满意，于是想出一个两全其美的好办法：让查理偷偷看一眼倪小姐。

一个礼拜天，牛尚周和温秉忠拖着查理来到了倪桂珍所属的教堂，那天，倪桂珍正好在唱诗班唱赞美诗。查理匆匆地瞥了一眼，顿时被一个清秀的女孩吸引了。只见她脸颊丰满，笑靥像春风一样清新宜人，温柔的眼睛里闪烁着信仰的光辉，秀丽的头发梳成一个厚密的发髻绾在脑后，左边的头发里插了一串很小的珍珠，熠熠生辉，翡翠色的旗袍将她美妙的身段烘托得更加美丽，查理看呆了，难道她就是倪小姐？牛尚周一看这情形，偷偷地笑了，指着这个女孩告诉查理，她就是倪桂珍。

查理对倪桂珍一见倾心，他觉得，眼前这个装饰朴素的女孩子有一种异于常人的风度，这种感觉，正是他一直寻找的啊！他很快决定向倪家求亲。

与此同时，牛尚周和温秉忠开始向岳母灌输关于查理的一切：他聪明勤奋，好学上进，相貌堂堂，受过高等教育，不在乎妻子是不是三寸金莲，而且，他也是个虔诚的基督徒。倪桂珍的母亲很快被两个乘龙快婿说动了心，再说女儿一直未嫁也是一块儿心病，于是她点头同意了这桩婚事，牛、温二人大喜过望。

一个多月后，急性子的查理就和倪桂珍结了婚，这是他典型的办事作风。查理一向办事干脆利落，看好就做，绝不会拖泥带水，素有“一急四快”之称，“一急”是性子急，“四快”指吃饭快、走路快、说话快和办事快。按照西方关于性格的划分，属于典型的胆汁质型，感情强烈、持久，容易爆发，有时会为了一些小事和人争吵甚至动手，这一点熟悉他的人都知道。

婚礼是在教堂里举行的，传教士克拉伦斯·里德主持了婚礼，由于办得仓促，来的人并不是很多，不过场面还是很热闹的。

中午，倪家出面举办了正式的婚宴。客人多是双方的亲戚、朋友。酒席摆了25桌，几十道大菜不断地端上来，一辆辆豪华的小轿车停在大厅外，来人个个衣着光鲜，一看就是大上海有头有脸的人物。应该说，倪家在上海还是很有影响力的，就如这天请来的宾客，许多都是查理不认识的人物，他们的职业遍布军界、商界、银行界和政界，实在是一股不可小觑的势力。

※ 婚后的宋耀如，没有停息自己的脚步，而是一步步地向革命的道路走去。

通过婚姻，一个崭新的世界在向查理招手，生活对于查理来说，从此就要揭开新的一页了。

婚礼之后，查理带着新婚妻子到昆山度蜜月，两人的感情十分融洽。闪电式的结婚让两人在婚前几乎没有任何接触——其实查理在婚前请求过岳母，希望能够带倪桂珍单独出去，也算是约会了，但是岳母没有同意。中国旧式婚姻都是这样，先结婚后恋爱，查理和倪桂珍也是这样。婚后，两人的小日子过得并不宽裕，因为查理每月只有15美元来养家。不过，倪桂珍从娘家带来的丰厚妆奁使小家庭的日子勉强收支相抵。倪桂珍的家族也使查理获得了相当于英国伯爵的地位，有倪家错综复杂的关系网在，机遇多了，查理还怕什么？

当年一心一意想把查理培养成合格传教士的琼斯船长、穆尔上校和卡尔将军都不曾想到，查理最后居然成了革命者。在这些精于世故的人看来，查理勤奋好学，能吃苦，对基督十分热爱，这些都是一个好的传教士品格，只是他们忽略了一点，查理更有自己勇于闯荡的一面，他是绝对不会安于平淡的传教生活的。

婚后的查理眼界大开，认识了不少上层社会的人物。不久，在温秉忠和牛尚周的介绍下，他参加了一个秘密组织——三合会。三合会是一个以反对清朝统治为宗旨的会社，从此查理开始了他向革命者的过渡。后来，查理结识了孙中山，参加了同盟会，成为了一个真正的革命者。

与此同时，查理在教会中的地位也得到了改善。1888年，他被提升为正式牧师，两年后又成了川沙地区的中心传教士。他还办了一家印刷厂，印刷中文《圣经》，他甚至请人把《圣经》翻译成上海话，印刷了大量读本。这样一来，连工厂的女工都能看得懂《圣经》了。印刷厂为他带来了第一笔财富。为了宣传革命的需要，查理私下里也在厂里印刷一些革命书籍。之后，查理利用在教会的地位，成为美国圣经协会的代理人，他独揽了印刷《圣经》的业务，翻印了大量宗教书籍。通过这项业务，不仅获得了丰厚的利润，而且从传教团体甚至从林乐知那里获得了丰厚的佣金，使家里的经济状况大为好转。

真正使查理发财的，是他的代办生意。查理是上海福丰面粉厂的经理，为厂里进口、安装先进设备，并且拥有这个工厂的股份，据说，他是上海“第一个代办外国机器的商人”。这样，查理很快作为一个实业家在上海滩崭露了头角。

结婚几年来，由于家里不宽裕，查理一直不敢要孩子。现在有了丰厚的收入，查理便在虹口买了一处地皮，准备建造他的新家，这时，他得到了一个好消息，倪桂珍怀孕了。

查理亲自设计了新房的样式，这是一座中西合璧、风格独特的建筑。房子坐落在一片绿茵茵的庄稼地中间，一条小河从门前流过，河上一座具有江南水乡特色的小桥指引着进门的路径。院墙是深黄色的，和绿野相互映衬。院内有两栋房子，前排是二层楼房，后排是厨房、储藏室和佣人的卧室。房间里一式的西式家具、游廊和凉台气势不凡，卧室里装着美式弹簧床，浴室里是精致的苏州澡盆。总之，这栋房子即使在现在看来也毫不落伍。对自己的得意之作，查理十分满意，他要在自己的房子里等着孩子的降临。

不久，宋家的第一个孩子霭龄诞生了。倪桂珍抱歉地对查理说：“对不起，是个女儿。”查理却无比欣喜地抱起新生的女儿，吻了吻妻子的额头：“快不要这样说，我本来就希望我们的第一个孩子是个女儿。况且现在出生的孩子，属于宝瓶星座，将来必然大有成就！”倪桂珍笑了，对于丈夫的体贴，她备感欣慰。

查理给女儿起名爱琳，后来在《万国公报》的主笔沈毓佳老先生的建议下改成“霭龄”。这个名字的发音很像查理那个痴情的美国女友埃拉，个中的缘由大概只有查理自己才说得清楚吧。

1891年年初，长江流域开展了大规模的反洋教运动，查理也参加了。虽然身为一个传教士，查理对那些洋人在中国的胡作非为早就看不过去了。传教士写一张字条，就能将一个无辜的农民置于死地，还有些传教士更是为非作歹，强奸妇女，霸占良田，百姓怨声载道。满怀正义的查理向林乐知建议首先由教会做出反省，林乐知非常不满：“如果对传教士和教徒放弃特殊保护，中国就会变成杀戮基督教徒的疯人世界！”

查理据理力争：“像在中国这样传教士享有司法特权的，世界

※ 宋家妈妈有三个美丽不凡的女儿，即中国历史上赫赫有名的宋氏三姐妹。图为（左起）宋庆龄、宋霭龄、宋美龄。

上可有第二个国家？”

然而，理屈词穷的林乐知仍然固执己见，不肯让步，愤怒的查理公开与洋教会决裂，独立传教，并且把查理这个名字又改回到原来的宋嘉树，号耀如。

辞去教会的工作后，宋耀如专心于生意，上海滩上很快出现了一颗耀眼的新星，他不仅办实业，而且积极于革命。他是孙中山的好朋友，也是中国革命的实际参与者和物资支援者。

在宋耀如专心于事业的时候，庆龄、子文、美龄相继出生，倪桂珍便开始在家中悉心教导几个孩子。宋耀如主张任由孩子的个性发展，锻炼他们的体魄和意志，并给他们良好的教育，他多次对别人说：“只要100个孩子中有一个成为超人式的伟大人才，中国就有400万超人，中国还怕不能得救！现在中国大多数家庭不能全心全意培养子女，我要敢为天下先。”倪桂珍则用刚强的意志，对事业、家庭和孩子的高度责任感来感化子女，她完全遵守清教徒禁欲主义的规范生活，视酗酒、赌博为罪恶，不允许在自己家中出现这种情形，而且她把这一切都看做是神的意志，不容违反。宋家的孩子都继承了母亲对宗教的虔诚，一生都是合格的基督徒。

倪桂珍能诗善书，学养渊深，成了几个孩子合格的家庭教师，尤其是三个女儿，从母亲这里获益匪浅。倪桂珍喜欢梳一种中国式的发髻，她也要求几个女儿这样，宋家姐妹一生都梳着这种端庄稳重的发髻。母亲对姐妹们的要求十分严格，三姐妹长大后一生自律甚严。总之，倪桂珍称得上是家中的铁腕人物，任何她觉得不对的企图都很快被镇压下去，她要求每个孩子都有坚强的自制力，都要表现得和自己的身份地位相符合。

倪桂珍和宋耀如一共生养了六个子女，分别是：宋霭龄、宋庆龄、宋子文、宋美龄、宋子良和宋子安。这六个孩子都是中国近代史上赫赫有名的人物，由他们组成的强大宋家王朝一时间无人能出其右。

※ 一个家族的兴盛，一个家庭的温馨，他们见证着中华民族一段沧桑的历史。图为宋家全家福。前排：三子宋子安；二排左起：长女宋霭龄、长子宋子文、次女宋庆龄；后排左起：次子宋子良、父亲宋耀如、母亲倪桂珍、三女宋美龄。

第二章

宋霭龄私密生活影像

1973年10月19日，85岁高龄的宋霭龄，在纽约哥伦比亚长老医院里永远地合上了双眼。一生的叱咤风云劳心劳力之后，她的面容显得如此安静祥和，仿佛在告诉人们：在死亡中，她终于得到了永恒的宁静。消息传开，尚存的宋氏家族成员痛哭不已，这个在父亲宋耀如辞世后独力支撑大厦的铁腕女人也去了，这是否预示着曾经显赫一时的宋氏家族从此再也不能登上荣耀的巅峰了？

宋霭龄的一生，用宋庆龄的话评价最为妥当："倘若大姐是个男人，委员长恐怕早就死了，她在15年前就会统治中国。"

有女初长成

1890年2月10日，林肯的诞辰纪念日，一阵响亮的哭声，宋霭龄呱呱坠地，宋耀如无限爱怜地抱起这个健康活泼的婴儿，心中充满了初为人父的喜悦。

俗话说："大的疼，小的娇"，宋耀如十分喜爱这个活泼、大胆的大女儿，常常是任由她的性格自由发展，从不加以干涉。在这种宽松的环境中，小霭龄童年时就显示出非同一般的特质：她不像同龄女孩子那么温驯柔弱，反而更多地继承了父亲宋耀如那种桀骜不驯的脾气，愿意由着自己的性子来，不加约束。霭龄之后，庆龄、子文、美龄相继出生，小霭龄凭着与生俱来的领袖才能和卓越的组织能力，成了名副其实的大姐，宋家兄弟姊妹中的领头人——从这时起一直到其生命的终结，霭龄也一直保持着对宋家姐妹兄弟的这种影响力。

宋耀如喜欢让儿女受到艰苦的磨砺。当小霭龄蹒跚学步时，经常会摔跤，宋耀如看到后却并不扶起，而是等着她自己爬起来，并且在她的面前拍着皮球鼓励她：“勇敢的姑娘，爬起来，自己走！”在风雨交加的天气里，人们经常可以看见这样的场景，一位

※ 三姐妹只有宋霭龄有子女，宋庆龄和宋美龄终其一生也只能孤身相伴，所以她们对孩子极其喜爱。

身材英武的父亲和一个活蹦乱跳的小姑娘在雨中漫步的情景，尽管被淋得像个落汤鸡，可霭龄的表情却又是那么的兴奋满足。

姊妹们懂事以后，母亲倪桂珍依照中国的传统习俗向三个女儿传授厨艺和刺绣。然而，小霭龄对这些活计却全无兴趣。虽然不敢公开反对母亲的安排，但小脑袋中从不缺鬼主意。

这天，倪桂珍正手把手地教姊妹们制作西餐，突然，一声尖叫，霭龄被滚热的油烫伤了手指，心疼不已的母亲赶快让她去休息。奇怪的是，下一次做菜，霭龄又被烫伤了，再下一次，她又不小心打碎了盘子……

长大后，霭龄自称一生也缝不了三针，不过除了这些令她生厌的女工活之外，霭龄却是个优秀的女孩。马克谛耶学校是当时上海一所有名的外国学校，5岁的小霭龄十分羡慕这个学校唱诗班女孩，吵着要父亲带自己到这里上学。拗不过她的宋耀如亲自带她去见校长海伦·里查森小姐，商量霭龄的上学事宜。里查森小姐打量着这个身穿红色苏格兰方格呢短上衣，绿色灯笼裤，满脸稚气的小女孩，心中不由喜欢上了她。

霭龄在家中排行居长，加上性格胆大果敢，于是弟弟妹妹自动奉她为领头人；在小孩子的游戏中，霭龄逐渐建立起了自己在宋家姐弟中最初的威信——今后我们可以看到，正是这种威信促使宋霭龄成了真正的“无冕之王”。

眼看女儿越来越野，越来越胆大妄为，慈爱的父亲戏谑地为小霭龄起了个绰号：“撒旦小羔羊”。在父亲的爱护下，“撒旦小羔羊”健康成长，很快变

※ 亲密的三姐妹，红颜青丝又怎能预见鬓上华发时世人的任意评说?

※ 宋霭龄一生饱经风雨，历尽升沉，然终因一女流之辈，不曾获得任何职权。繁花落尽，空余脂粉。

得和父亲一样崇尚自由，喜爱音乐，热爱运动。

1894年，经陆皓东介绍，宋耀如认识了孙中山，两个密切关注中国前途的人一见如故，宋耀如邀请孙中山到家中做客。有一次，两人因为意见不合而争论，于是便用摔跤来决定争论的胜负。

出乎宋霭龄意料的是，一向无所不能的父亲居然输给了这个英俊的年轻人。霭龄偷偷地注视着孙中山，眼前的人正值青春，书生意气，英姿勃发，眉宇间有一种难掩的高贵之气——难道霭龄就是因此种下了对孙中山崇拜的种子？

会得离人无限意

1904年5月，美国轮船“高丽号”从上海港出发在微熏咸涩的海风中缓缓驶入海洋，离别时亲人的叮嘱声已渐渐远去，15岁的宋霭龄结束了在马克谛耶学校10年的学习生活，要只身赴美留学了。

宋霭龄此次留学，意义非凡。当时的中国，男子出洋尚在少数，何况一个正值妙龄的姑娘独自求学海外？消息传开，邻居议论纷纷，说三道四的不在少数。可是，坚定的宋霭龄丝毫不为之所动，在父亲的大力支持下动身去了美国。

据现有资料表明，宋霭龄是中国第一位正式到美国留学的女子。

然而，这次的美国之旅不是一帆风顺。临行时，宋耀如将霭龄托付给美国友人步惠廉夫妇，没想到经过日本神户时步惠廉夫人一病不起，不久与世长辞了。步惠廉为料理丧事不得不下船，只好将霭龄托付给另一对美国夫妇照料。令霭龄意想不到的是，这对美国夫妇十分歧视中国人，年轻的霭龄过去接触的都是步惠廉这样崇尚平等的美国友人，何曾知道世上还有种族歧视这种事情？美国这个心目中的天堂，它的真实面目究竟如何呢？

幸运的是，失落的霭龄不久结识了一位热情善良的朝鲜女子金水姬，两人互倾心声，倒也排遣了许多寂寞和苦闷。两个月后，终于看到旧金山巍峨的港口了。

可是，意想不到的事再次发生，在海关入口，蛮横的官员看了宋霭龄的护照后，却怎么也不肯放行，硬说护照有问题，要遣送她回国。其实，护照哪里有问题，只不过是美国排斥华人的情绪作怪罢了。霭龄和金水姬据理力争。一个海关人员威胁要把霭龄关押起来，另一个则趾高气扬地说：“美国的拘留所不适合关畜生般的人，这个中国偷渡妇女只能返回船上，等船重新启航时把她带走。”

悲愤的霭龄只能回到船上暂住，她怎么也想不明白，自由的美国就是这样欢迎中国学子的吗？

金水姬是个热心的人，了解到只要找到美国人陪护，霭龄就能上岸。霭龄苦思冥想，终于记起步惠廉曾经提到一个叫里德的人会来接她，金水姬将霭龄在船上安顿好后上岸打电话，由于美国人重名很多，金水姬一连拨了33个电话才找到步惠廉所说的里德。然而，当里德前去交涉时，海关早已将此事忘得一干二净了，谁也不肯负责。万般无奈，里德只好通过教会向华盛顿高级官员反映，霭龄这才得以上岸。

历尽周折后霭龄终于踏上了美国的土地，只是不知道，霭龄此时对这个号称自由的国度做何感想呢?

霭龄即将就读的威斯里安女子学院是世界上第一所专为女子设立的学院，位于佐治亚州梅肯城内，在国际上享有很高声誉。当霭龄怀着兴奋的心情走进

※ 孔家定居美国后，用聚敛来的钱财购得了长岛蝗虫谷巨宅。

学校时，却发现同学们总是用奇怪的眼神打量着自己这个黄皮肤的中国姑娘，这下霭龄明白了，在海关受到的待遇绝非偶然。

或许正是这种孤独艰难的处境，使年轻的霭龄从入学后就收敛了在家养成的骄纵，开始安安静静地读自己的书。不久后，这个不苟言笑的东方女孩赢得了大部分美国同学的好感。她们发现，面前的是一个和自己一样聪敏、有教养的女孩，报纸上所谓中国人野蛮、卑陋的说法根本是无稽之谈。霭龄成功了。

不过，霭龄并不满足于仅仅被认同，她需要的，是留下自己的印迹。应该说霭龄比同龄的女孩子成熟得多，她并不看重虚荣，而是注重实际的东西，比如，该怎样使周围的人都聚在自己身边呢？宋耀如寄给霭龄的生活费还算富余，霭龄便常拿出钱买些零食和同学分享，还把家里寄来的美丽绸缎毫不吝啬地送给要好的伙伴。这样慷慨美丽的馈赠使得活泼开朗的美国姑娘发疯似的狂吻霭龄，自然形成了以霭龄为中心的圈子，霭龄成了全校最受欢迎的女孩。

难得的是，虽然美国化的生活方式已经完全改变了霭龄，但她对自己的祖国仍有着很深的感情。历史课上，马克涅教授表扬了霭龄一次出色的答题后，接着要她回答谢尔曼进军佐治亚州的情景——这是南北战争中北方对南方的重大胜利。聪明的霭龄为了不引起伙伴的嫉妒，轻声回答说："哦，这个问题我不能回答。"

不过，马克涅教授却领会错了，他心想，霭龄这样做是因为她把自己看做了南方人吧，真难得这个中国女孩终于被文明开化了！他高兴地在课堂上宣布："我认为，现在可以说，宋霭龄小姐已经是一位优秀的美国公民了。"

或许教授认为成为美国公民是一种荣耀，霭龄却不这么认为，她站起来果断地说："马克涅教授，我想我应该提醒一句。我不是美国公民，更谈不上优秀的美国公民。我是中国人，我家祖祖辈辈都是中国人，而且永远是中国人，我为我是中国人感到自豪！"

同一个问题在不同人心中有不同的答案。几年后，美龄也来到

※ 众友人中的宋霭龄气质若兰。时光已逝，回忆都难。

了美国，面对同样的问题，娇憨的美龄答道：“原谅我，这个问题使我很难过，因为我是个南方人！”

两年后，宋耀如来到了美国，遇见了作为中国教育考察团代表赴美的姐夫温秉忠。霭龄闻讯后兴奋地赶来，没见到因事外出的父亲，却被姨夫温秉忠带去参加国宴，原来，美国总统罗斯福亲自设宴招待中国考察团。

在镁光灯的闪烁中，罗斯福微笑着和代表一一握手，轮到霭龄时，罗斯福问她：“能和我谈谈你对美国的印象吗？”

霭龄用英语愉快地答道：“总统先生，美国是个非常美丽的国家，我在这里生活得很愉快！”

美国人惯有的优越感使得罗斯福开怀大笑：“是啊，我们美国是世界上最美的国家，也是最著名的自由之邦，任何人到美国来，都会受到最热情的欢迎！”

这句话却勾起了霭龄对海关那段遭遇的回忆，她激动地将当时的经历一股脑儿全说了出来，并追问道：“把一个14岁的女孩拒之门外，这不会是总统的命令吧？如果有美国姑娘到中国，她们绝不会受到这样的对待!”

尴尬的罗斯福低声咕哝了句：“我很遗憾！”敏锐的记者却已匆匆记录下了全部对话。

第二天，报纸的头条赫然写着：“中国女留学生向总统抗议美国的排华政策”，霭龄一时间成了全美国的焦点人物。

霭龄在威斯里安女子学院学习了三年后，妹妹庆龄和美龄也相继来到这里。霭龄努力尽到长姐的责任，无微不至地照顾两个小妹，在霭龄的帮助下，庆龄和美龄也很快适应了美国的生活。

19岁那年，霭龄完成学业，以优异的成绩毕业了。回国前夕，梅肯城的《电讯报》再次把她推上了焦点人物的地位，报上发表了一篇题为《未来中国的改革者》的文章：

“宋霭龄小姐以优异的成绩学完了她在威斯里安学院的全部课程，昨日取得了毕业证书。她在美国学得的知识和吸收的民主思想，必将在回国后引起一场闻所未闻的伟大变革！飘扬了300年的龙旗将被她和她的同志扯下。年轻貌美的宋小姐将成为革命后中国的总统夫人。领袖的妻子是支持宝座的真正力量！由于她的英明睿智，中国已大步迈进！”

霭龄看到报道后红了脸，激动的同学却呼喊着：“第一夫人驾到——”

尽管霭龄知道信口开河是这些报纸的一贯作风，然而，仍不自觉地为“总统夫人”这个称呼心动，这个大胆的预测有朝一日会不会成真呢？

※ 被戏称为“第一夫人”的宋霭龄，终其一生也只是个行政院长夫人。而其妹宋美龄却实现了她当初的梦想站在了第一夫人的位置上。图为罗斯福夫妇陪同宋美龄向美国建国之父乔治·华盛顿的陵墓致敬。

倚门回首，却把青梅嗅

回国后霭龄以极大的热情参加了父亲宋耀如从事的革命活动，并很快崭露锋芒。作为父亲的秘书和助手，霭龄把父亲的案牍整理得井井有条，事务安排得有条不紊，辛劳的宋耀如终于能够轻松点了。不过，霭龄的才能绝不仅限于秘书，为同盟会募款时，霭龄舌绽莲花，说动银行家沈缦云捐赠100万元；广州起义时，霭龄施展高超的外交手段，取得了青帮头目、同盟会员陈其美的帮助，为起义创造了有利条件。

1911年12月15日，孙中山应国内革命者的强烈要求，乘船从法国返回。这一天，万人空巷，熙熙攘攘的人群挤在孙中山即将踏上的金利源码头，等待瞻仰伟人的风采。霭龄和父亲站在沸腾人群的最前面。

孙中山一眼就瞧见了宋耀如，激动地朝老朋友跑去，两人紧紧拥抱在一起。许久后，羞涩的宋霭龄这才怯怯地叫了声："孙叔叔……"

孙中山诧异地看着这个青春气息逼人的姑娘，一时没反应过来，宋耀如笑着介绍说："这是你的侄女霭龄……"

虽然身在国外，对于宋耀如这个能干的大女儿孙中山早有耳闻。不久，孙中山请宋耀如为自己找一个秘书，宋耀如毫不犹豫地推荐了霭龄，孙中山一口答应了下来。

12月底，孙中山在投票中胜出，当选中华民国临时大总统。1912年元旦，孙中山从上海出发，到南京宣誓就职，宋霭龄乘坐专列陪同总统赴任。欢送的人群感染了孙中山的情绪，他不顾危险走出车厢向群众挥手致意。

民大會堂

※ 宋霭龄跟随着孙中山先生，用她的聪明才智为孙先生的革命事业添砖加瓦。多年后的宋霭龄或许会回想起这段难忘的时光，可她却与革命的道路背道而驰了。

汽笛声中，列车缓缓开动，望着站内外热情的民众，孙中山无法抑制激动的情绪，一再拉开窗帘，向人群挥手。万分焦虑的宋霭龄一再劝阻，孙中山却置之不顾。一向敢作敢为的霭龄不由分说上前“刷”地一把拉上窗帘，孙中山生气了。不过，宋霭龄并没有被他的怒色吓住，反而连珠炮似的抛出一串话：“我亲爱的总统！你要知道你现在不是属于你自己的，你是属于我们大家的，属于整个革命阵营，属于全中国！对于你不顾安全的做法，我们每个人都有权制止！”在这个怒气冲冲的年轻女子面前，孙中山退让了。

随着宣誓就任大总统，孙中山比以前更加繁忙了，宋霭龄这个秘书不辞劳苦地协助孙中山的工作，时常通宵工作直至清晨。随着接触的日渐频繁，孙中山——这个宋霭龄日日伴随的人，不知不觉在宋霭龄的心中占据了一席之地。这一切是怎么发生的？或者她自己也不清楚，然而，深夜梦中眼前浮现的熟悉面容，还有那挥之不去的“总统夫人”的预言，足以使这个22岁还不曾恋爱的年轻姑娘心烦意乱了。

与此同时，狡猾的袁世凯正阴谋篡夺中华民国的总统宝座，出于国家利益的考虑，孙中山一再退让，甚至表示随时可以把总统的位子交给他。得到消息后，宋霭龄急急追问孙中山，孙只是平静地回答，自己并不在意这个位置，一切以国家为重。

看到自己一直为之奋斗的共和理想就要落入军阀手中，气急了的宋霭龄声泪俱下，听不进孙中山的解释，夺门而出。

为了消解这个能干的秘书心头的不平之气，孙中山决定亲自向她解释自己心中的苦衷。一个寒冷的夜晚，墙上的自鸣钟“当当”地响了10声，孙中山迈着稳健的步子向霭龄居住的小楼走去。

远远望去，霭龄居住的宿舍一片漆黑，可是往常这个时候，霭龄还在帮自己处理文件呢！看来，她是真的生气了，居然不肯工作了。孙中山心里暗笑着：这个年过20仍然保留着小孩脾气的秘书脾气还不小呀！他来到门前，轻轻敲响了房门。

霭龄的声音犹如子弹：“我不吃饭，不添火！我不冷不饿！不要打扰我！”

看来小姑娘真的发脾气了，孙中山停顿了一下，这才轻轻地说：“霭龄，是我。”

“噢——是总统！我这就来！”匆忙的脚步声很快响起，灯亮了，脚步又停下来，然后再次响起匆匆赶到了门边。这一个停顿意味着什么？难道是注重仪表的霭龄在这忙乱的时刻整了整鬓发吗？

“吱呀”一声，门开了。霭龄的笑脸如花，“请进来吧……”

孙中山觉得今天的霭龄与往日不同，她红润的脸上似乎比平日少了几分干练，多了几分娇羞，良好的教养又让她比同龄的女子多出几分高雅的气质。

屋里的布置使孙中山眼前一亮：小屋收拾得整洁雅致，洁白的床单，淡绿色的被罩，粉白的墙壁似乎一尘不染，桌子上的大花瓶里插着几枝旁逸斜出的傲骨梅花，优雅的香气使人欲醉，墙上的正中间挂着孙中山亲笔书写的横幅“天下为公”。

※ 对襟长衫、黑边眼镜、绅士礼帽、温文的表情，就是这样的一个不是十分出众的中年男人，却轻而易举便赢得了宋霭龄的芳心。或许是那时宋霭龄要成为“第一夫人”的梦想刚刚破灭，或许是她看到了孔祥熙敦厚、温良外表下隐含的才华。图为孔祥熙旧照。

孙中山笑了："真是室雅何须大，花香不在多啊！"

"霭龄跟随总统，不敢以一室为念，当以放眼环宇，扫除天下……"霭龄侃侃而谈。

孙中山打断了霭龄："人小志大，不愧是宋耀如的女儿！"

霭龄的眼睛停留在孙中山的脸上，唇边挂着笑容："应该说不愧是孙先生的……"

"不愧是我的什么？"

话到口边，霭龄却再难以出口，霭龄招呼孙中山到壁炉前烤火，自己则温柔地坐在他的对面，含情脉脉地望着他。此情此景，最木讷的人也该有所察觉了吧？

事实上，宋霭龄对自己这段模糊的感情考虑了很久，孙中山会不会接受自己？如果父亲知道了这件事会是什么反应？孙中山会不会真的放弃大总统一职……千头万绪纠缠不清，一向精明强干的宋霭龄一时也迷惘了。不过，霭龄毕竟是霭龄，她找出当年那份《电讯报》上总统夫人的预言给孙中山看，委婉地表达了自己的心思。

孙中山读得很认真，霭龄屏住呼吸，静静等待着他的反应。很快，孙中山开口了："中国要真正走向繁荣昌盛，需要几代人不懈的努力。我们党内年轻能干的同志很多，他们当中会产生真正大有作为的总统。霭龄，叔叔祝福你，祝愿美国人的预言能成为事实！"

这几句话犹如尖针，一下戳破了霭龄虚构了许久的美丽肥皂泡。壁炉的火让室内温暖如春，霭龄却感到一阵冰冷。一时间，她有点懵懂起来。迷迷糊糊地送走了孙中山，霭龄痴痴地倚在门口，久久凝望着消失了许久的身影……纷乱的心一时无法平静，直到寒冷的夜风唤醒了她的思绪：或许，孙中山根本没明白自己的弦外之音？或许，他明白了却没有勇气回应？

不久，孙中山自愿解职，并与袁世凯协议定下了内阁成员，希望此举可以换来中国的安定祥和。孙中山对袁世凯保留了许多期望，精干的宋霭龄却并不信任貌似诚恳的袁世凯。然而，事已至此，一个小小的英文秘书又怎能力挽狂澜？不过，解职后的孙中山的月薪有3万元之多，出行时享受到的也是总统待遇，对于宋霭龄来说，这才是实质的东西，她渐渐心平气和了。

卸职后的孙中山把全部精力都放在了发展中国的铁路事业上，每天东奔西走，希望能够尽自己最大的努力早日圆中国的“铁路梦”。作为他的助手，宋霭龄似乎比他更现实，她从一开始就意识到，要做成一件事，金钱是必不可少的，铁路建设也一样，她干脆地说：“一切之中钱才是王中王！”

跟随孙中山到广西规划铁路线时，雨后路滑，孙中山不小心失足摔倒，紧跟其后的宋霭龄情急之下伸开双臂试图挡住他下滑的势头，可一个男子的重量再加上下坠的巨大惯性又岂是她能拦住的？两人跌成一团，滚落得更快了。此时，宋霭龄紧紧抱住孙中山，生怕他有一点闪失，同行的人相隔又太远，只好焦急地大叫“松开手！松开手啊！”万分紧急的时刻，孙中山拼命用脚蹬了一下身边的巨石，这才使滚落的方向改变，被一丛灌木拦住，两人死里逃生。

不过，此刻的霭龄心中，除了紧张，更有羞涩和喜悦。危险已经过去，她紧紧抱着怀里的意中人，一动不动地闭着眼睛，在幻想中的幸福越沉越深。匆匆赶来的同行者拉开了孙中山，她却依然躺着，仿佛时间已经定格于这一刻……

这一次，孙中山清楚地感觉到了霭龄的情意，他在沉思。不仅如此，宋耀如也觉察到了霭龄的心事。作为一个秉承了西方思想的现代人，宋耀如并没有暴跳如雷，相反，他和霭龄一番长谈，倔强的霭龄宣布，除非孙中山亲口拒绝自己，否则，非他不嫁。

然而，孙中山确实让她失望了，总统夫人的梦破灭了。

命运并没有长久延续霭龄的失望，不久，另一个人闯入了她的生活，他就是山西首富孔祥熙。

1914年春，一个细雨的天气，宋耀如带回了一个慈眉善目、略显发福的中年男人，激动地介绍说：“这位是孔子第75代孙，山西

首富孔祥熙先生。”

沙发上的霭龄首先捕捉到了“山西首富”这几个字，眼睛一亮，站起身来热情地和孔祥熙握手。

回国不久的宋庆龄却只是故作惊讶地叫了声：“噢，圣人！”

由于庆龄随口的揶揄，孔祥熙在宋家终生得到了“圣人”的绰号。

其实这个山西首富，并不是从小就生活在金银堆里。孔家世居山西太谷，虽然一度十分发达，但孔祥熙的父亲孔繁慈却迷上了鸦片，荡尽家财后，年幼的孔祥熙事实上已经沦为拾煤渣的鼻涕小孩。不过，孔祥熙并非一个甘于没落的人，读书后他力求上进，获得了一定的政治地位，遗传的经济头脑又让他在生意场上如鱼得水，很快就重振家业了。此时的他，脸上带着成功人士的自信，学识渊博，谈吐不凡，虽然带着抹不去的山西口音，仍然深深吸引了宋霭龄的注意，这天晚上，她显得特别活跃。

霭龄刚从恋爱的阴影走出，正处于脆弱的时候，革命事业也不像起初那么吸引她了，或者，是该寻找家庭的时候了。更何况，孔祥熙还顶着“山西首富”这个耀眼的光环！诚然，他比自己大十几岁，又曾经结过婚，声名也无法跟孙中山相比，然而，他生财有道，今后必定能使家财丰厚，而且他性情温和，今后肯定会对自己言听计从——这些难道还不够吗？

家宴结束，宋霭龄和孔祥熙在客厅愉快地聊天，不知不觉间，天已经蒙蒙亮了。宋耀如微笑着走进来，孔祥熙这才发现，居然已经是第二天了。豪爽的霭龄毫无扭捏之态地邀请孔祥熙单独出去吃饭，此时，她在心里已经决定，自己的终身就要托付给这个人了。

不久之后，宋霭龄和孔祥熙决定了婚事，宋霭龄很快向孙中山

※ 为了保全革命事业，孙中山先生被迫将大总统的位子让与了袁世凯。此后孙先生开始武力讨袁。图为袁世凯旧照。

提出正式辞职。

虽然有过尴尬，孙中山对这个能干的秘书还是十分看重的，尤其在目前这种困难时期。宋教仁被暗杀，轰轰烈烈的“二次革命”也很快失败，短短的时间里孙中山苍老了许多，加上党内意见不合，许多多年老友几乎反目，一切的一切已经使孙中山心力交瘁，现在，宋霭龄难道也要抛下自己吗？他真诚地希望宋霭龄婚后仍然能做自己的秘书，哪怕只是每天工作两三个小时也行呀！

就这么离开孙中山，宋霭龄心中也有些不忍，但是，她反复思量过后，最终还是决定离开。临行前，她推荐了妹妹宋庆龄接替秘书一职——今后发生的事却是她无论如何也想不到的。

樱花纷飞的四月天，宋霭龄和孔祥熙在日本横滨一所小教堂举行了简朴的婚礼。说起婚礼的情形，倒是颇有趣味。那天早上，艳阳高照，宋霭龄穿着粉色的缎子上衣，上面绣着一只栩栩如生的小鸟，绿色的裙子上盛开着富贵牡丹，光亮的发髻后斜插一支龙凤银钗，显得美丽高雅。在她身旁，新郎孔祥熙长袍马褂，一脸的喜气。婚礼刚刚完毕，天却下起了大雨，霭龄心里忐忑起来：“花遭雨打水浇，上帝不保佑我们了吗？”母亲倪桂珍和孔祥熙急忙告诉她下雨在中国传统中是吉利的，霭龄这才放下心来。

不一会儿，居然又是大晴天了，爱热闹的人们因此送了副对联给新婚夫妇，上联是“风调雨顺，乃为天公作美助兴”；下联“金玉良缘，原是泰山穿针引线”，暗含了婚礼当时的情形和两人恋爱的过程。

新婚的喜悦还没有消退，宋霭龄却得知了一个令她无比震惊的消息：妹妹宋庆龄和孙中山相爱了！

最初的震惊过后，霭龄马上打起了小算盘，庆龄如果和孙中山

※ 闻听自己所恋之人，竟与妹妹结婚，霭龄一时难以接受。试想若当年嫁于孙中山的是宋霭龄，那中国的一段历史是否会改写？图为在广州的孙中山先生和宋庆龄女士。

※ 锋极及敛，只有那锐利的眼光突现，好像所有的智慧都在那目光中凝炼。

结婚，从家族利益考虑显然是利大于弊的，问题是，这样又将置自己于何地？曾经，蔼龄对孙中山也是一片真情，可他却并不伸手接自己的绣球。现在，年轻的妹妹和他相处不到一年，怎么就相爱笃深了呢？怎么，难道自己的失败要由妹妹来见证吗？周围的人谁不知道自己曾经向孙中山摇曳橄榄枝，可如今，摘下橄榄的却又是自己的妹妹？——不！蔼龄无法容忍这种失败，姐姐栽了跟头妹妹就不应该在同一处成功！不能就这么栽了，她要采取行动，迅速破坏这件事情，哪怕他是自己曾经敬爱的领袖，哪怕她是曾经心爱的妹妹！

不得不说宋蔼龄始终是充满了行动能力的人，在反对庆龄爱情的战役中她很快得到了家人的支持，就连当初给了她宽松环境的父亲如今在她的游说下也开始激烈地反对庆龄。宋耀如从孙中山身边带走女儿，事实上，回家后的庆龄是被软禁起来了。不仅如此，宋霭龄还出面为庆龄介绍了名门子弟，在没经得庆龄的同意下宣布了庆龄订婚的消息。

在这种情况下，庆龄真的急了，一向讲究民主的父亲怎么能同意霭玲这么做呢？看到二女儿的痛苦，宋耀如犹豫了，一生追求民主自由的自己难道真要促成一桩不幸福的包办婚姻？然而，宋霭龄却是毫不犹豫的，她甚至建议禁锢庆龄一段时间，直到她和那个所谓的未婚夫结婚。无论如何，霭龄一定尽最大的努力破坏孙中山与宋庆龄之恋！

但是，事与愿违，庆龄在女仆的帮助下逃出了家门，东渡日本投奔孙中山。宋霭龄无法原谅妹妹的行为，她坚持派人到日本追回庆龄，但是，这种做法被宋耀如否决了。最后，庆龄和孙中山在日本正式结婚。

上路笙歌满，春城漏刻长

婚后一年，宋霭龄随着孔祥熙第一次去了婆家，山西太谷县程家庄。在霭龄的印象中，这是个荒凉偏僻的地方。然而，在太谷的所见，着实让她吃了一惊。美国人罗比·尤恩森在宋霭龄的传记中写道："霭龄坐在一顶16个农民抬着的轿子里，孔祥熙则骑着马，但是，使这位新娘大为吃惊的是，在这次艰苦的旅行结束时，她发现了一种前所未闻的最奢侈的生活……因为一些重要的银行家住在太谷，所以这里常常被称为'中国的华尔街'。"在这个大院里，仅仅是服侍霭龄的奴仆就有70多人。

按照家乡惯例，孔祥熙在太谷再次举行了婚礼。花烛之夜，乡下人蜂拥而至，开始了火辣辣的闹洞房。不过，霭龄可并非软弱可欺之辈，几个愣头青大笑着企图去扯她的腰带，早有准备的她顺势抽出准备好的假手枪，作势要动武，吓得几个小子抱头鼠窜，霭龄两

※ 宋霭龄与孔祥熙结合后，在宋霭龄的一手策划下，孔祥熙走出了太谷，走出了山西，坐到了行政院长的高位上。或许这也是当时的孔宋无论如何也不曾预料的吧。

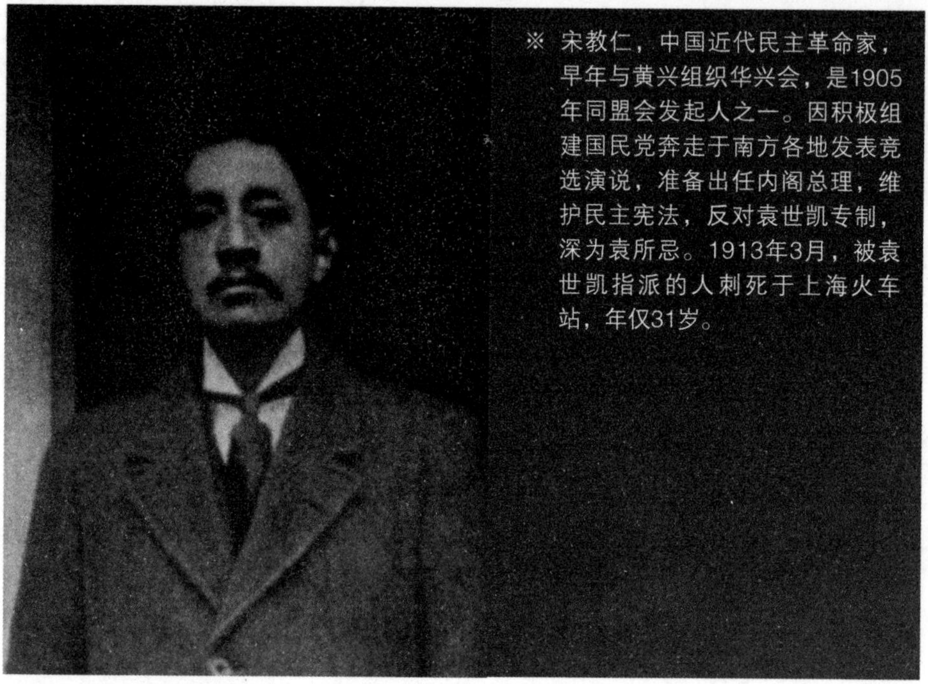

※ 宋教仁，中国近代民主革命家，早年与黄兴组织华兴会，是1905年同盟会发起人之一。因积极组建国民党奔走于南方各地发表竞选演说，准备出任内阁总理，维护民主宪法，反对袁世凯专制，深为袁所忌。1913年3月，被袁世凯指派的人刺死于上海火车站，年仅31岁。

口子这才得以清净。

孔祥熙壮年时在山西创办了铭贤学校，这次回乡，宋霭龄也协助夫婿，照料学校的一切，甚至亲执教鞭，走上讲台教学。很快，她以渊博的知识和新派作风赢得了全校师生的好感。铭贤学校在夫妻俩的主持下蒸蒸日上，很快山西有了这个口号：

说铭贤，道铭贤，
铭贤美名天下传。
自从来了孔校长，
铭贤一夜变了天。

教学之余，孔祥熙并不耽误经商，凭借出色的经济头脑，他准确地选择了销售煤油这个大有前途的投资点。他以2.5万英镑的代价购得在山西全省独家经销英国亚细亚火油公司产品的特权，不出所料，这项生意在今后带给了他滚滚财源。喜上添喜，霭龄此刻也身怀六甲，马上要生下孔家长公主孔令仪了。

宋霭龄夫妇的成绩得到了当时的山西都督阎锡山的赞赏。兴致勃勃地视察了铭贤学校后，阎锡山留下歪诗两首，并邀请孔祥熙任教育厅长。孔祥熙在阎锡山省政府中成绩斐然，很快就得到了阎的信任，升为阎的参议。从此，孔祥熙的仕途如步青云，不仅阎锡山，孙中山、张作霖、吴佩孚、王正廷等均邀请孔祥熙任职，孔氏夫妇很快在政界活跃起来。

1925年3月12日，这一举国悲痛的日子，中国伟大的革命先行者孙中山与世长辞。孔祥熙主持了葬礼并敬献挽联。然而不久后，孔祥熙夫妇就完全违反孙中山的意愿，与蒋介石勾结在了一起。

霭龄在这一系列变故中究竟扮演了什么角色？现在已不得而知，然而，今后大大影响了整个宋氏家族的一件大事，却是霭龄一手办成的，那就是蒋介石和宋美龄的婚姻。

蒋介石对妹妹宋美龄的追求，宋霭龄早有察觉，至于他追求的动机，宋霭龄也摸得清楚：孙中山逝世后，国民党内部正面临着权力的分配和继承人的竞争。从当时的情况看，蒋介石并不占明显优势——许多人比他有资格得多。然而，如果和宋家联手，那么，把握就大大增加了。

宋霭龄还看准了蒋介石做事圆滑，在青帮红帮中有一定地位。最重要的是，蒋介石军权在握，胜出的几率也很高。宋家若和他结为姻亲，自然官运亨通，于是主动撮合这桩婚事。

蒋介石的第三任夫人陈洁如后来回忆这件事时说：

在蒋介石和宋霭龄的会谈中，宋霭龄单刀直入，帮助蒋介石分析了眼前的局势和他所处的危险境地，并且指出："你是一颗明日之星。要让你这颗明星落得和升起时一样快吗？今天，鲍罗廷的意旨是要接收你的权力，交给加仑将军。你定会被他们消灭殆尽，只是时间迟早罢了，这点无可置疑。"

早就心里发虚的蒋介石听得毛骨悚然，竖起耳朵等着霭龄说出应变之方。霭龄不慌不忙地说："环绕在你周围的，净是些无能懦夫，其兴趣所在，无非私利而已。他们孜孜所求的，无非一己的私利，并非你的目的，你当知这些都是真话。"一针见血，蒋介石脸色煞白。

霭龄看了一眼蒋介石，他已经被镇住了，该是自己摊牌的时候了："不过，局势也并非绝望。我愿与你做成一项交易。是这样的，我不但要如你所愿，怂恿我的弟弟子文脱离汉口政府，而且还要更进一步，他和我将尽力号召上海具有带头作用的大银行家们，以必要的款项支持你，用以购买所需要的军火，使得继续北伐。我们宋家人拥有所有的关系和门路。你自己知道，你不会再从汉口获得任何经费或援助。而作为交换条件，你要同意娶我的妹妹美龄，也要答应一旦南京政府成立，就派我的丈夫孔祥熙担任内阁，我弟弟子文做你的财政部长。”

听完了霭龄开出的条件，蒋介石直冒冷汗，然而，他别无选择，最好的出路就是和霭龄合作。在向陈洁如转述这次会谈时，他说：“我已走投无路，她开出很凶的条件，但她说的话却很有道理。”后来，蒋介石一直认为霭龄是宋家最精明、最有手段也最有野心的人，她不但意志坚定，而且精力充沛，讲求实用。这样的人和自己合作，对自己有莫大的帮助。如果她跟自己作对，那可就很令人头疼了。

不久，蒋介石用死磨硬缠加上信誓旦旦，骗得当时的夫人陈洁如出国留学，为迎娶美龄做好了准备。孔祥熙也走马上任，担任“中政会广州分会委员、广东省财政厅长兼理后方财政事务”。这个职务虽然低，然而财政大权在握，再加上当时中央财政部长是宋子文，事实上宋、孔两家已经控制了国民党财政大权，从此，孔祥熙走进了国民党上层建筑的核心。

既然与蒋介石签订了协议，霭龄自然要尽快建立蒋宋联盟。亲情和威逼双管齐下，霭龄劝降了大弟弟宋子文，将他拉到了蒋介石一方，接下来就是美龄了。

说服美龄并不很难，虽然美龄早有恋人，然而，生性浪漫多情的她对“第一夫人”的名号并非无动于衷，在霭龄的劝说下，她同意和恋人分手，下嫁大自己10岁的蒋介石。这场政治联姻给霭龄夫妇带来了无数好处，最明显的是，任职蒋政府的几十年里，孔家财富的增长速度绝不止用“倍增”可以形容，而孔祥熙的官职也是芝

※阎锡山（1883～1960年），字伯川，军阀。山西五台人。从1911年辛亥起义任山西都督，到1949年太原解放为止，在山西执政达38年之久，中间曾因倒蒋失败下野一年多，但其实山西的军政人员都听命于他，可谓是民国历史上极其复杂的人物。

※ 山西自有了晋商后，一派繁荣的景象。图为山西街景。

麻开花——节节高。

婚礼结束后，一位深谙蒋宋联姻内幕和霭龄在其中作用的内幕作家这样形容宋霭龄：“精明能干，意志坚定，治世能力极强，野心大，权力欲旺盛，是上海滩一位能呼风唤雨的女强人。”

然而，霭龄的这些活动却带给了庆龄难言的伤痛。庆龄和美龄一起长大，姐妹感情很深，眼看她在大姐的撺掇下结成了毫无爱情的婚姻，庆龄怎能不痛？大弟弟宋子文的倒戈，也让她暗地伤心不止。可是，宋霭龄狠起心的时候，一般是绝不善罢甘休的。为了提高蒋宋此次联姻的地位，霭龄甚至散布庆龄即将再嫁的谣言，在庆龄的伤口上又撒上一把盐，庆龄病倒了。得知此事，美龄气哭了，她怒气冲冲地质问霭龄，霭龄却只是冷冷地说庆龄“自作自受”。

1932年，日军进攻上海，轰轰烈烈的上海保卫战开始了。宋霭龄亲自参加了救援工作，慷慨地拿出8万美金，并四处募捐，建立了一座中型医院。战事稍歇，霭龄夫妇立即赴欧美访问，争取国际援助。此行签署了几个购买军火的协议，只不过其中很大一部分后来被用作“围剿”红军。

抗战爆发后，宋霭龄又多次慷慨解囊，捐赠了大量救护车、军车、寒衣，并倡导成立了战时儿童保育会，收养了许多战时流浪儿。曾经有一次，霭龄一次性捐款100万元，解了燃眉之急。据说因为此事，吝啬的孔祥熙还和霭龄生了一场闷气。不过，以孔祥熙绵软的脾气和霭龄强硬的性格，自然是不久后孔祥熙就向霭龄屈服，继续当言听计从的好丈夫了。

接着，为了号召全体人民在民族危亡之时团结起来，一致抗日，宋氏三姐妹重归于好，她们携手出现在公共场合，向世界示意：宋家人现在要摒弃旧恶，携手抗日了。她们用流利的英文向全世界发表演说，呼吁支援，不顾危险到难民区视察，并参观一个个战时医院，慰问伤员。一时间，各大报刊均以拍到三姐妹的合影为荣。

不过，慷慨的背后，宋霭龄也发了无数笔国难财。

国民党迁都重庆之初，霭龄以一个精明的生意人头脑预料到，时局不稳，物价必定会大幅上涨，如果预先囤积货物必定会大捞一笔。于是，她秘密囤积了大批货物，装满了几个货场，只等时机到来就抛售出去。

霭龄这里在囤积货物，蒋介石那边也因为物资的紧缺和物价飞涨而忙昏了头。戴笠耳目众多，打听到许多商人在囤货，于是报告了蒋介石。蒋介石在听取了智囊的意见后，采取了两个措施：一是大力报道中国远征军作战胜利的消息，并且宣称一旦全胜后就可以从云南运送货物到重庆，到时候物价就会下降，如此一来，等于暗示了那些商人，目前正是抛货的好时机；二是发布命令，勒令全部商号立即抛出所有囤积货物，否则就会被查收接管。消息一出台，那些没有靠山的小商号很快就开始出货了。

不过，这些小把戏骗不了霭龄，她在军中有耳目，知道远征军的真实情况，货物不会那么快就运到重庆来的。再说了，以霭龄的身份，一般人不敢动她。如今小商号已经出手，还有货物的只剩下自己了，到时候必定能卖一个好价钱。

不料，她的秘密货场却被戴笠打探到了，戴笠出现在蒋介石面前，鬼鬼祟祟地说：“委座，有一个大户在暗中跟您作对，她的货不出手，一批大户都不肯行动。今天上午一群等着买东西的人砸了一家不开门的商店，如此下去的话，恐怕……”

蒋介石一听这话顿时光火，居然有人敢挖他的墙脚？一番骂骂咧咧之后，蒋介石授意秘密封库，由政府低价收购，戴笠觉得还是由重庆市长那方面出面比较好，于是蒋介石派人找来了重庆市长贺耀祖。为了防止美龄知道后通风报信，几个人做贼一般躲在办公室密谈，蒋介石还当场写了一道手谕，讲明如果遇到抵抗，可以采取任何行动。

贺耀祖回去后连夜召开了紧急会议，分派前去收检货舱的人员。别的几家大户很快就分派妥当了，唯有霭龄的，没人敢去，谁都知道，这个女人不好惹啊！贺耀祖无奈之下开始点将，不料被点到的人不是当场装病，就是百般推辞，气得贺耀祖破口大骂。最后，有人推荐市府秘书吴浩宇，不知天高地厚的吴浩宇当场拍了胸脯，表示坚决完成任务。

吴浩宇也算是个有心计的人，他先是不动声色地查明了霭龄的货仓所在的位置和所藏的货物，觉得万无一失后带着手谕、率领士兵出其不意冲到货场，挟持了看管货场的周经理，拿出手谕一阵耀武扬威，命令周经理马上调出货物。

一番慌乱之后，周经理电话请示宋霭龄，吴浩宇在一边得意洋洋地等消息。不一会儿，周经理笑容可掬地走出电话间，口气缓和了下来，看样子是准备交货了，吴浩宇心中一阵轻松，看来自己还算有两下子。

周经理奉上一杯茶，笑嘻嘻地问：“听口音，吴秘书是山东莱阳人吧？”

吴浩宇点点头。

周经理的脸笑成了一朵花：“兄弟我也是莱阳人啊！老乡见老乡，难得难得，今天一定要喝一杯！”

吴浩宇手一摆：“今天公务在身，恕不奉陪了。咱们还是先公事公办，乡情以后再叙。”

※ 在宋霭龄的谋划下，孔祥熙一步步向自己的“理想”走去。

不过，周经理可真是热情，无论如何也要和吴浩宇干一杯再说，还当场取来了一瓶好酒。吴浩宇起初还很警惕，现在看来事情办得差不多了，再说自己素来酒量大，一杯两杯也醉不倒，怕什么。于是爽快地和周经理交换了酒杯，仰起脖子一杯酒下了肚。

谁想到，舌头还没尝出酒味，眼前已经是天旋地转，吴浩宇话

※宋霭龄一向精明机智，就连蒋介石也敬她三分。

※ 也许那是个晴天，也许那是个阴天，对于孔祥熙来说那是个金色的，充满诱惑的世界，到处都是光和音乐。

也没说出一句，扑通一声倒在了桌子底下。

周经理哈哈大笑，出门告诉那些虾兵蟹将，“你们吴秘书醉了，我一会儿派人将他送回去，你们就先回去吧。”群龙无首，这些小兵小卒也只能就这么散了，轰轰烈烈的收库行动就这么狼狈地收场了。

原来，长于谋算的宋霭龄一接到周经理的电话，就认定擒贼先擒王，拿住了吴浩宇，他手下的虾兵蟹将自然难以成事。周经理按照霭龄的布置递上了一杯放有蒙汗药的酒，吴浩宇糊里糊涂地睡倒了。狡猾的霭龄接着派来一顶轿子，招摇过市地将吴浩宇送回家中，并叮嘱吴夫人，以后一定要劝劝丈夫再不可贪杯误事。

霭龄这一招够狠——酒醒的吴浩宇悔恨交加，差点举枪自毙。从此，再没有人敢和这个女强人作对了。

虽然霭龄和蒋介石有种种矛盾，但是，霭龄积聚财富却多多得益于蒋介石。日军肆虐时物资严重匮乏，孔家人却打着为中央银行运钞的旗号走私货，不仅不交赋税，连运费都由公家出。

实业家胡仲实、胡叔潜兄弟创办的华西公司获利颇丰，在四川影响较大，宋霭龄决心将之据为己有。没想到，胡氏兄弟并不买账。霭龄先是企图通过收购胡氏股票成为控股方，被发觉后转换计策，派出一人冒充兵工厂采办，怂恿胡家兄弟扩建炼钢厂，胡家兄弟上当了。不久，由于资金紧张，胡氏只好向中央银行贷款，没想到，再次求贷时，霭龄授意中央银行予以拒绝，并放出华西公司财政紧张的风声。很快，华西的股价暴跌，霭龄趁机收购，成为控股方。

但是，对于费尽心思得到的公司，霭龄并不在意，她考虑的是，尽快将股份变成钱。通过运作，她成功地使华西的股份大幅上

※ 在民族危亡的时刻，宋氏三姐妹携手联合在一起，共商国是。

涨，趁机抛售了股份，而孔祥熙则出面以官僚资本买下了元气大伤

※ 满面的笑容可是在对又一笔交易的谈成而欢喜？图为孔祥熙与蒙巴顿在交谈中。

涨，趁机抛售了股份，而孔祥熙则出面以官僚资本买下了元气大伤的华西公司。钱流进了自己腰包，吃亏的，反正是政府和民众。

在权力的参与下，霭龄的“生意”如日中天。虽然她不无幽怨地说：“我的两个妹妹，一个是过去的第一夫人，一个是现在的第

一夫人，唯有我这个大姐，一辈子也当不上第一夫人了。”然而，钱包鼓胀的霭龄也并非不满足。

月照城头乌半飞

不过，生活中也有宋霭龄不能控制的事。小时候，由于妈咪倪桂珍对霭龄姊妹要求十分严格，大胆好动的霭龄一直觉得在童年的时候受到了很多束缚，于是，在她做妈妈以后，就对儿女实行自由的政策，任由儿女性格的自由发展。这样的初衷是好的，不过结果却出乎霭龄预料。

二女儿孔令俊，也就是有名的孔二小姐，出身又好，地位又高，却一点儿也不像姐姐孔令仪那样端庄贞静。她喜欢穿男装，腰里别着把手枪，开着车子到处横冲直撞，连蒋介石也不放在眼里。20多岁的大姑娘也不想着嫁人过日子，没事就上街逛，看谁不顺眼掏出枪就要杀人，还经常到舞厅对着漂亮女子动手动脚，行为不男不女，外界流言蜚语很多，着实令宋霭龄伤透脑筋，却也束手无策。

美丽的“大公主”孔令仪呢，偏偏不听家里安排，爱上了出身贫寒的陈继恩，非要和他结婚不可。霭龄一直希望女儿能攀上一门好亲事，因此十分生气，马上给孔令仪安排了一个中年军官卫立煌要她出嫁。没想到，一向柔顺的孔令仪这次十分坚决，居然要以死相抗；而一向无法无天的孔令俊这次居然很明事理地帮着姐姐。卫立煌相亲那天，孔二小姐画着两个浓黑的大眼圈，脸上擦着儿两重的白粉，精心描了一张血盆大口，代姐姐见面去了。卫立煌遭此戏弄，气得上蹿下跳，这门亲事自然不了了之。不久，霭龄又相中了一个青年，又是孔二小姐出面，搅黄了整个计划，孔令仪也在妹妹的帮助下逃到美国和陈继恩结了婚。事情到了这种地步，即使是在外呼风唤雨的霭龄这回也只能听之任之了。

※ 蒋、孔、宋三家权倾朝野，但又矛盾重重。最终飘落他乡，辉煌不再。图为（左起）孔令杰、孔令俊、宋美龄、孔令侃。

家庭之外，政治局面似乎也开始不利了。

首先是美龄和蒋介石的夫妻关系出现裂痕。蒋介石风流成性，他先是和陈立夫年轻美貌的侄女陈颖关系暧昧，后来又和被他抛弃的前妻陈洁如重拾旧好。宋美龄大闹了几场，却并不能收住蒋介石的风流心性，霭龄隐约觉到了不安。

接着，宋家内讧，子文和大姐大姐夫矛盾升级。同时，国内的反蒋势力趁蒋介石出访外国的时机策划政变。虽然，政变被戴笠觉察后及时镇压了，然而，早对霭龄夫妇心怀不满的戴笠、陈氏兄弟都将怀疑的矛头对准了宋霭龄。当蒋介石询问时，可以想象，子文并未为大姐说话。当时的蒋介石已经对霭龄的不断敛财十分不满，而孔祥熙贪污公款的事也在朝野上下闹得沸沸扬扬。为了保住自己，蒋介石命令孔祥熙下野。一番挣扎后，孔祥熙灰溜溜地辞职，结果参政会上还是有大批人叫喊要“杀晁错以谢国人”，孔祥熙名声更臭了。国内已经没办法待下去了，不得已，霭龄和孔祥熙乘飞机离开了中国。

几十年来一直欢笑的宋霭龄这次悲悲戚戚地哭了。她明白，政治斗争中失败只有一次。过去为了支持蒋介石政权，她甚至打算刺杀反对者妹妹宋庆龄，殚精竭虑换来的却是如此下场。

这次事件是宋氏家族分崩离析的开端，也是四大家族分崩离析的开端。

在国外闲居一年后，宋霭龄回国了。她再次找到蒋介石，历数自己的功绩，试图东山再起。不料，蒋介石并不吃这一套。

局面已无法挽回，看来远走国外是迟早的事了。但是，霭龄不愿意走得这么窝囊，她要风风光光地出去，让蒋介石知道，宋霭龄不是毫无还手之力的。

不久，蒋介石的国大会上，辞了职的孔祥熙居然相中了立法院这块风水宝地。他积极联络冯玉祥、阎锡山等人，摆出要竞选立法院院长的架势。其实这些都是在霭龄的授意下孔祥熙做的样子，他并不想当选，但是也不能让蒋介石以为自己江郎才尽了。果然，孔祥熙这么一搅和，一些人又觉得，他为官这么多年没有功劳也有苦劳，就这么被迫辞官也挺可怜，于是投向了他这边，一时间孔祥熙出任的呼声越来越高，大有志在必得的势头。立法院一向是陈果夫、陈立夫兄弟和政学系的天下，大家一看势头不对，马上开始了小动作，私底下拼命运作，总算没让孔祥熙当选。虽然是虚惊一场，但这场由宋霭龄导演，孔祥熙主演的闹剧让所有人看到了他们的实力，令党内的仇家一时不敢轻举妄动，霭龄夫妇有了充裕时间清理自己的财产。

不过，后来却发生了一件霭龄始料不及的事。

※孔祥熙的生日宴会，众亲友为他祝寿。虽风光不在，可依然是众人追捧的对象。

※孔祥熙在政治纷争中，落得个仓皇之局。山雨欲来风满楼之时，孔祥熙可有照片中的这样达观？

四川的军阀尹昌衡、刘存厚、田颂尧等60人联名上书，请求孔祥熙到四川出任省长，还说什么根据民意测验，四川人民一致希望孔祥熙来主持政事，呈文里还把孔祥熙吹得天下无双，好像除了他，再找不出能治理四川的人了。

孔祥熙看了呈文后，居然热血沸腾，真的相信了这些人的话，当自己是救世主了，摩拳擦掌准备去四川大干一场。可是，精明的霭龄一下瞧出其中的天机所在，给孔祥熙兜头一盆冷水："民意测验？民国政府什么时候搞过民意测验？中国除了你真的没有人适合到四川主政吗……你该看过《三国》，知道死诸葛吓走活仲达的典故。"

霭龄缓缓地说道:"光知道故事不会顶什么用？说穿了，刘存厚玩这一套，无非把你当诸葛亮的尸体用。老蒋和他们四川军阀历来矛盾很深，他们自然不希望老蒋的人去四川，再说，四川内部派系也多如牛毛，谁也不服谁，现在抬你出来，无非是压一压那些他们不欢迎的人的风头，又不是真心要你去。你要是当真去了他们肯定会再生枝节出来。我们已经到了这步田地，不能再为别人干火中取栗的事，你说是不是？"

一番话说得孔祥熙如梦初醒，用他的山西口音喃喃道："这个，这个，我还真没想到咯……"

不久，孔祥熙给蒋介石捎话，表示不愿远赴四川主政，蒋介石很利索地批准了。霭龄已下定了决心，到美国去。

出发前，两人先到太谷拜祭孔家祖坟，当孔祥熙跪下磕头时，霭龄只是弯了弯腰——她终生保持着基督教的信仰。

南下拜祭宋耀如夫妇陵墓时，霭龄有些感伤，有些怀念，她想到了很多人，尤其是大妹妹庆龄……到美国后，霭龄的第一封电报是给庆龄的。

在美国的生活也并非一帆风顺。嗅觉灵敏的美国记者打探到孔祥熙带来了巨额家产，时不时在报纸上讽刺一番；小妹美龄又和美国总统杜鲁门结下梁子，杜鲁门迁怒于霭龄，也在她的家产上做起

※ 一个有着“第一夫人”的梦想，一个宋家神话的缔造者，一个聚敛无数钱财的妇女，在默然中离去。留给后人的可是那沉重的历史沧桑感?

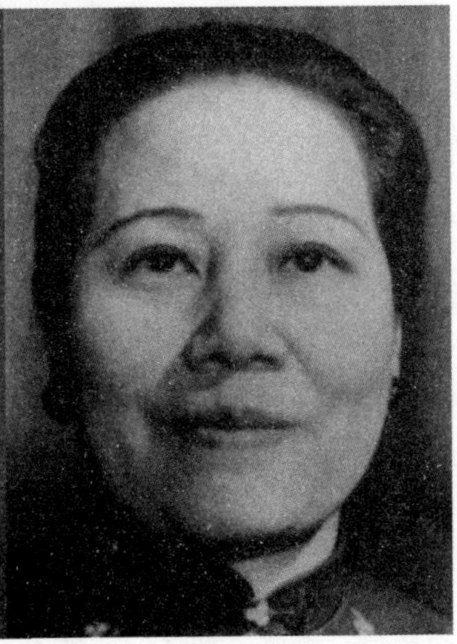

了文章。

联邦调查局开始秘密调查孔祥熙的存款，机警的霭龄马上向银行施加压力，杜鲁门没有调查出财产的具体数目。霭龄在中国银行有大量存款，其中不乏美国对中国捐款的部分，然而，她以老练的政客眼光看准了杜鲁门不敢动这块儿敏感地区，同时抛出大量金钱结交美国政府中人，最后，杜鲁门败下阵来，霭龄度过了提心吊胆的一关。

在霭龄的活动下，美国参议院外交委员会和财政部公布了一个华人在美资产的资料，资料表明，所有华侨总资产不超过500万元，最大的存户也只有100多万元。这份资料没有单独提到孔祥熙，然而，这些数字已经足够了。

不久，报刊广播开始出现“孔博士（祥熙）丢掉大陆财产，来美后生活拮据”的报道，霭龄一家终于从舆论的攻击中逃出。为了

※ 斯人零落，唯有空楼独自矗立在风雨飘摇中，品读着历史的年轮。图为：1998年夏，孔家以近300万美元将长岛蝗虫谷房舍和27英亩林地售给纽约地产商。

庆祝，霭龄举行了盛大的招待会，感谢每一位有功之臣。

生活虽然安逸下来，离开祖国久了，乡愁却开始侵袭两鬓斑白的霭龄。因为这挥之不去的乡愁，宋霭龄回了趟台湾岛。然而，已显老态的蒋介石和家乡迥异的风土人情让霭龄多少有点失望。不久，她收拾行装，匆匆飞离台湾岛。

1967年7月22日，88岁的孔祥熙偶感不适，在医院抢救无效后去世。

霭龄此刻显得很平静，然而，当蒋介石的唁电到来时，她再也无法保持平静了。当年逼孔祥熙下台的是蒋介石，如今人已不在，蒋介石仍然推卸责任，将一切过失推到了共产党头上，多年来对蒋介石的怨恨再也无法控制，霭龄发怒了。她冲着念电报的儿子孔令杰大声骂道："屁话！屁话！……事过多年还扯这一番屁话，明是为你爸辩冤，实是旧事重提，暗含射影！……从死人身上捞稻草，也就是姓蒋的能做出这种事来，这个上海滩的流氓，我怎么当初就看不出来！……这个流氓！流氓！"

怒火攻心，霭龄一下背过气去，屋内顿时乱作一团。

从此，霭龄卧病不起，甚至当宋子文病危时也无法去探望。

哥伦比亚长老医院里，霭龄病房中常年放着一张照片，那是三姐妹在威斯里安女子学院学习时的合影。照片上，三姐妹亲密无间，自信的霭龄，端庄的庆龄，美丽的美龄，都是那么快乐和神采飞扬。

垂暮的霭龄时常独自凝视照片，喃喃自语……

1973年10月19日，生命的最后一刻，霭龄迟迟不肯闭眼，她在等着亲爱的小妹美龄，此时，美龄正在台湾岛照顾病重的蒋介石。直到行色匆匆的美龄冲进病房，抓住了大姐的手，霭龄才欣慰地一笑，缓缓地闭上了眼睛。终年85岁。

一位外国记者在她死后如此评述：

"这个世界上一个比较令人感兴趣的、掠夺成性的居民就这样在一片缄默的气氛中辞世了。这是一位在金融上取得了巨大成就的妇女，她也许是世界上靠自己的精明手段敛财的最有钱的妇女。她是介绍蒋介石和宋美龄结婚的媒人，是宋家神话的创造者，是使宋家王朝掌权的真正设计师。"

第三章

宋庆龄私密生活影像

1915年，当宋庆龄从家中逃出，匆匆踏上追寻孙中山的渡轮时，灼热的爱情让这个端庄文静的少女显得那么热烈，那么坚决。这是她第一次叛逆，不管舆论，不顾家庭，果决地为自己的爱情与理想而斗争，在此之后她走了很多年，步履却一如往昔的坚定……

小荷才露尖尖角

宋家姊妹都在美国威斯里安女子学院就读过，宋庆龄读的是文学系，年轻的她曾经在院刊上发表了一篇题为《四小点》的中国童话，叙述了一位名叫杨韦林的书生的一番奇遇。杨韦林家境贫寒，但是勤奋好学，在赴京赶考的路上，他看到了一群在大雨中苦苦挣扎的蚂蚁，出于怜悯，他用伞为蚂蚁遮雨，救下了蚂蚁。考完试回家的途中，他猛然想起作文时有一个重要的字少写了下面的四小点，不由得万分焦虑失望：看来十年寒窗，还是无法考取功名啊。谁知道，喜报居然上门了！深感意外的他找到考卷一看，居然是一只蚂蚁伸着脚躺在那个字下面代替了那四小点！

这篇故事其实是根据民间传说改编的，宣扬了善良的品德和“善有善报”的思想。宋庆龄的一生悲悯万物慈悲为怀，她的理想主义也在这篇文章中流露无遗。

年幼的时候，庆龄就显示出一种特别的悲悯，尤其是在对待弱小动物的时候。还在幼儿园的时候，狂风暴雨将宋家门庭前一棵大树的枝丫吹断，压碎了一个小小的鸟巢，几只嗷嗷待哺的小鸟可怜巴巴地挣扎着，小庆龄一看到就大叫："快救救小鸟吧！"然而，小鸟已经救不活了。小庆龄用手帕包起小鸟的尸体，眼泪汪汪的，就连厨房的姨娘催促她吃饭她也没回话。宋家的其他姐妹兄弟远没有这般多愁善感，看到她这个样子都笑了起来，这可气坏了小庆龄。

心地善良的小庆龄还是一个喜欢深思的小女孩。父亲宋耀如为家里的几个孩子安排的都是西式教育，宋家的几个小女孩小的时候都穿着漂亮的洋装。一天，小美龄穿着西式裙子，打扮得漂漂亮亮的到路边玩耍，没想到几个顽皮的男孩子却扯着嗓子骂她："小洋人！小洋人！"伶牙俐齿的美龄不甘示弱，自然反唇相讥，两边不一会就开始对着扔石头。还好小庆龄很快走过来，沉着冷静地制止了这场小小的"战争"。然而，事情并不到此为止。

※ 青年时期的宋庆龄已然有了满卷诗书胸中握的豪情。

※ 读书时的庆龄，如漆盘上淡淡的工笔彩绘，清澈、美丽。

生性活泼的小美龄回家后很快又开始蹦蹦跳跳，把这件事抛到了脑后，小庆龄却深思起来：为什么那些小孩叫妹妹“小洋人”？她大胆地将心中的疑惑告诉了父亲，宋耀如也沉吟了起来，好一会儿，他才语重心长地告诉庆龄：“爸爸对你们的教育也许有欠缺，我们的生活方式也许有点西化，但我们不是洋人，你们也绝不可做小洋人。”“我们是中国人，是真正热爱祖国的中国人。”父亲凝重的声音一直镌刻在庆龄脑海中——终其一生，宋庆龄都在为实践当年父女二人共同的誓言而努力奋斗着。

宋家的三个小姐妹中，小庆龄一直与众不同。不像大胆的霭龄和活泼好动的美龄，庆龄从小就有一种庄重、秀雅的气质。风风火火的小霭龄总是把头发随便一掠了事，小美龄也常常没有心思收拾自己，只有庆龄，总是用一条丝带将美丽的头发秀秀气气地扎成一束，轻轻柔柔地坐着看书，像一尊精工雕琢的玉器，那么美丽，那么优雅……

1908年，15岁的庆龄结束了在中西女塾八年的学习生活，预备到美国留学。一向喜爱二姐的美龄恋恋不舍，最后，宋耀如在小美龄的死缠硬磨下，无奈地同意让两人一起出国。

船到码头，大姐宋霭龄已经守候多时，姐妹相见，情深意长，三人紧紧拥抱定格成今后人生随时带来温暖的温馨回忆。

接着，庆龄和美龄拜访了萨密特镇的克拉克·彼得温小姐，因为两姐妹准备先在彼得温小姐创办的萨密特镇私立学校补习英语和拉丁语。见到两个姑娘时，熟识宋耀如的彼得温小姐惊讶地叫道：“宋耀如竟还有这般两朵美丽的金花！”

“两朵金花”入学后很受彼得温小姐的照顾和同学的欢迎，不过，在此期间，姐妹俩迥异的性格也显现了出来：庆龄端庄文静，不怎么参加“那些小孩子的玩耍和嬉闹”；美龄则活泼好动，和每个同学都十分熟络。萨密特图书馆的馆员路易斯·英里斯后来回忆说：“庆龄——‘严肃的那一个’，贪婪地阅读着成年人看的小说和其他政治书籍，而跟她同样年龄的那些女孩，一般对这类读物兴

趣索然，而美龄则喜欢《兔子彼得》一类的童话故事。”（《萨密特先驱报》1942年5月21日）

一年后，庆龄正式考取了大姐霭龄所在的乔治亚州梅肯市威斯里安女子学院。

威斯里安女子学院历史悠久，蜚声全球。坐落于梅肯市郊外的小山上，园内绿树成荫，碧草如茵，红墙白窗的校舍掩映在碧树蓝天之间，分外的雅致、宁静。宋庆龄很快就喜欢上了这个环境优美的学校，而异国的同学也很快喜欢上了这个有着一双明亮秀美的黑眼睛的女孩，她们亲切地称呼她的英文名字Rosamonde——罗莎蒙黛。

虽然远在异国，宋庆龄还时时关注着祖国的消息。心思缜密的宋耀如知道女儿对祖国的感情，每每寄去一些关于国内形势和革命发展情况的报道。国家民族的危亡，革命的艰巨和曲折，常常让庆龄陷入深深的思索之中，她变得愈加得深沉和内敛了，明净的脸庞常常笼罩着一种沉思的表情，在这个时期，她常常对同学说的一句话是：“我对祖国将来的事业充满理想和希望。我不能不想中国，我真的觉得忘了祖国，人生该是多么的没趣啊！”同学们都诧异地看着她，她们万万没有想到，如此一个穿着西式服装，说着流利英语的纤弱女子身上流露出的，竟是一种地地道道属于中国女子的气质，那么柔弱温雅，然而又是那么的果敢坚定。

1911年秋天，辛亥革命在武昌爆发，腐朽的清政府被推翻了。第二年元旦，孙中山宣誓就职中华民国临时大总统。这个举世欢腾的消息很快传到了宋庆龄耳中，宋耀如给女儿寄来了中华民国的新国旗——五色旗。激动的宋庆龄拿着国旗冲到校园中央，一把扯下清政府的黄龙旗，扔在地上，用力踩了几脚，然后挂上崭新的五色旗，高呼：“打倒专制！高举共和的旗帜！”高亢激动的声音在校园里萦绕许久，同学们也被她的情绪感染，兴高采烈地喊着：“罗莎蒙黛，你说得对，东方的睡狮醒来了！”

当天夜里，庆龄久久沉浸喜悦中，无法抑制自己的快乐，挥笔写下了一篇文章——《二十世纪最伟大的事》，这是庆龄在大学期

※ 手拿酒杯的宋庆龄若有所思。是在想又找到了一位可以与之共同对抗蒋介石的朋友，还是心有他物？

间最著名的文章，在文中，她满怀强烈的自豪和自信写道：

“在许多著名的教育家和政治家看来，中国革命是20世纪最伟大的事件之一，甚至是滑铁卢以后最伟大的事件。这是一个最辉煌的成就。它意味着四万万人已从君主专制统治的奴役下解放了出来，这个专制制度已经存在了四千多年，在它的统治下‘自下而上自由和对幸福的追求’遭到剥夺。它标志着一个皇朝的覆灭，这个皇朝的残酷压榨和自私自利，使这个一度繁荣昌盛的国家沦为一个贫穷不堪的国家。清政府被推翻，意味着具有最野蛮的制度而又道德沦丧的这个皇朝的毁灭和废除。

五个月以前，我们连做梦也想不到会有一个共和国。对某些人来说，即使许诺尽早成立一个立宪政府，他们也是抱持着怀疑态度

※ 宋庆龄以她那独到的见地以及对革命的乐观主义精神，始终坚守在革命的阵地上。

的。但是每个爱国的中国人，不论是一个政治家还是一个劳动者，在他的内心深处，都有着反叛精神。一切苦难如水灾、饥荒和各方面的倒行逆施，其根源都是由于清朝暴政及其贪官污吏。压迫是这场惊人革命的起因，它看来是一场灾难，实际是造福于人类的一大幸事。我们在目睹着种种改革，在暴君的统治下，这些改革是永远也不会完成的。我们从报纸上读到中国的剪辫子运动，千千万万的人如何剪掉了他们的累赘——中华民族的耻辱……

这场革命在中国建立了自由和平等；为了每个人的这两个不可分割的权利，许多人英勇地献出了宝贵的生命，但博爱仍然有待争取……博爱是人类尚未实现的理想，没有人类的兄弟情谊，自由就没有可靠的基础，除非人类彼此视作兄弟，否则平等只能是梦想。”

庆龄并没有参加这场革命，然而，她的感觉是敏锐的，对中国的前途有着冷静的分析。这篇文章也表现了庆龄一生都在提倡的博爱平等思想，充满了理想的色彩。霭龄和美龄在后来经常说庆龄太过于重视理想。的确，比较起来，霭龄更注重实际利益和物质生活；美龄则喜欢权力；只有庆龄，一生都在为自己的理想奋斗。这也是三姐妹性格中最大的不同之处吧。

※ 中华民国的成立标志着长达两千多年的封建帝制的结束。图为国民政府成立时，部分成员的合影。

泛彼柏舟，在彼中河

1913年，刚刚毕业的宋庆龄怀着拯救祖国的豪情乘船抵达日本横滨，码头上迎接她的，是她亲爱的父亲宋耀如和姐姐宋霭龄。同时，令庆龄无比激动和兴奋的是，还有她无限崇敬的革命者——孙中山。

庆龄很小的时候见过孙中山，那时候他是作为宋耀如的朋友到宋家拜访的。他慷慨激昂的陈词曾给年幼的庆龄留下深刻印象。在庆龄成长的岁月中，由于宋耀如对革命工作的大力支持和与孙中山的私交，因此庆龄有很多机会得知孙中山的消息，这使她更加崇敬孙中山，思及能再次见到孙中山甚至能为他工作，庆龄竟满心愉悦。

大姐霭龄当时是孙中山的秘书，庆龄抵达日本后，经常和姐姐一起去看望孙中山，开始两姐妹是结伴同行，后来逐渐是庆龄一个人去，与此同时，她也开始试着帮孙中山处理一些日常信件，当孙中山患病卧床时，庆龄就在他身边照顾，频繁的接触让两人有了更多相互了解的机会，孙中山十分欣赏这个充满了革命理想的少女，而庆龄也越来越敬仰这个为革命付出了一切的伟大人物。

不久，宋霭龄和孔祥熙订婚，正式辞去了孙中山秘书一职，庆龄当仁不让地承担起这个职位。当时，中国革命正处于低潮，袁世凯正式下令通缉孙中山、黄兴、陈其美等“二次革命”首要，大部分国民党元老流亡日本，滞留国内的一部分国民党党员则朝秦暮楚，甚至投靠袁世凯，成为镇压革命的帮凶。处于这种险恶的环境，孙中山更忙碌了，心情也十分沉重。而宋庆龄的到来，犹如一阵清风，为孙中山苦闷而焦灼的心注入了一泓甘泉。庆龄那饱满的革命斗志和对理想执著的追求，使挫折中的孙中山大受鼓舞，孙中山十分信赖宋庆龄，所有的机要通讯密码都交给她保存，对庆龄的学习和生活，他也十分照顾。在宋庆龄亲自执笔的《宋庆龄自述》一文中，庆龄饱含深情地说起当时的情况：“孙博士得悉我正在学习中文，他赠我一些中国文学方面的书籍和有关当代政治方面的英文书。他非常关心我的学习和活动。对我的工作鼓励甚多，使我不知不觉地被他所吸引……”

频繁的工作接触使两个人的心更加接近了，爱神悄悄降临到他们的身边……

对于这份感情，孙中山想得更多。庆龄是如此年轻，如此美丽，而且有永无止息的革命热情，如果娶她做妻子，找到的不仅是生活的伴侣，亦是革命的同行者，幸之何甚！然而，自己已年将50，庆龄却正值花季，27岁的年龄差能够忽略不计吗？再说，庆龄的父母，自己的老朋友宋耀如，能同意这桩婚事吗？他迟疑了，主动提出要庆龄多考虑一些，宋庆龄坚定地表示：“经过长期、慎重的考虑，深知除了为你、为革命服务，再没有任何比这更使我愉快的事……我愿意这样献身于革命。”

此时，庆龄的家中也因此掀起了轩然大波。首先得知此事的是大姐霭龄，她坚决地站在反对者的立场上，宋耀如夫妇也持有同样的看法。面对家庭的反对，庆龄毫不动摇。最后，宋耀如只得断然决定结束在日本的流亡生活，携家返回上海，这样一来，庆龄和孙中山就不得不分开，他认为，分别或许能使两人冷静下来，结束彼此的爱意。

庆龄无可奈何地跟着父亲回到了上海，那时她还希望，一向开明的父亲能理解自己的心情，而自己也会尽快说服父亲，使他尊重自己的人生选择。

然而，事情并不是她想象的那么简单。原来，大姐霭龄也曾经深爱过孙中山，因而当庆龄和孙中山相爱的消息传来时，大姐感觉受了重重一击，坚决反对庆龄的选择。她托人物色了一个名门子弟，匆匆对外界宣布了庆龄和这个人订婚的消息，希望可以尽早了结此事。

庆龄急了，再这样下去天知道会变成什么样子！她大声向父亲抗议：在自己的家里居然出现包办婚姻，什么打倒封建，什么实现民主自由，都是假的！

听到女儿的话，宋耀如犹豫了，难道自己真的要成为那种自

※ 是冥冥中的安排还是对革命的共同理想，让宋庆龄和孙中山毅然决然地走到了一起……
图为孙中山先生与浙江支部党员合影。

※ 1913年3月，孙中山先生与宋耀如、梅屋庆等人摄于日本神户。

己一向反对的封建卫道士吗？女儿长大了，她有选择自己人生的权利，不是吗？然而，霭龄并没有被庆龄的话打动，她告诉父亲，既然已经宣布订婚，那么就只有硬着头皮走下去了。相信过不了很久庆龄会忘记以前的疯狂举止，乖乖地结婚；实在不行，先把她关在家里一阵子也行呀。被霭龄的想法吓了一跳的宋耀如转而询问妻子倪桂珍，然而笃信宗教的倪桂珍只说了一句：“基督保佑！”宋耀如不禁迷茫了，在这个家里，大家究竟都在想什么呢？无论是庆龄还是霭龄，怎么都变得这么神秘莫测呢？

不过，事实上霭龄的方案被执行了，庆龄几乎是被软禁起来，一举一动都有人看管，不能踏出家门半步，只能等着家里定下的成亲日期。然而，命运并没有在此处留下遗憾，不久，希望来了。

宋耀如携家离开日本，是瞒着孙中山的。一连几天宋庆龄没有来上班，焦急的孙中山派人去宋家打听，才知道宋家已经回上海了。他立刻猜到，此举是因为自己和庆龄的感情。

当时孙中山和宋庆龄的感情已经是半公开的状态，党内党外反对的意见也不少，然而，孙中山坦率地说：“我孙中山不是神而是人！我是革命者，就更不能受社会习惯所支配！”他义无反顾地表示：“我家我国，我家我妻。”无论作为一个普通人还是作为一个革命者，他都离不开宋庆龄，这是个多么不可多得的姑娘啊！她

※ 姐妹情深。面对宋庆龄自己选择的爱情归宿，宋霭龄坚决地站在了反对者的立场。原以为家庭中至爱亲朋的阻挠可以浇灭那刚刚萌生的爱情火花，孰不知，爱情到来时，宋庆龄坚贞地守卫着自己的爱情，守卫着革命。

了解自己，支持自己，无论是事业还是生活，有她在，孙中山都能感到一种鼓励，一种支持，还有洋溢了身心的关爱、温馨，无论如何，他都无法心甘情愿地舍弃这份感情。

对庆龄的思念使孙中山再也不能心无旁骛地投身工作。过去，他是个酷爱读书的人，然而现在，每每捧起书本，眼睛却痴痴傻傻地凝望着远方，脑海里反复闪现着庆龄的音容笑貌，什么也不能占据他的思绪，除了庆龄……

很快，孙中山明显地消瘦了。房东梅屋夫人是孙中山和宋庆龄的好朋友，为了让孙中山身体好一点，特地准备了丰盛的菜肴，然而，孙中山仍然是吃了几口就放下了筷子。坦率的梅屋夫人问他，是不是患了相思病？

孙中山沉默了一会儿后回答：“庆龄是位好姑娘，也是我的好帮手，我忘不了她。遇到她以后我感到有生以来第一次遇到真爱，知道了恋爱的苦乐。”

说这话时的孙中山已经结婚生子，然而，却从没有真正恋爱过。他与妻子卢慕贞的婚姻是由双方父母包办的，成婚后孙中山为了革命常年在外奔波，夫妻俩聚少离多；加上卢慕贞没有文化，不能更深刻地理解孙中山的事业和理想，夫妻之间并无共同语言。许多年来一直是卢慕贞贤惠地挑着家庭的重担，为孙中山养育了三个儿女，孙中山对她有感激，有尊敬，有亲情，然而，这些并不能代替爱情。在遇到庆龄以后，他已经决定，今后的人生，一定要与这个女子携手共度。

感动的梅屋夫人爽快地许诺要承担起操办婚礼的全部职责，只要孙中山和卢夫人解除婚约，庆龄又来到日本，婚礼就可以举行了。

※ 宋庆龄典雅的气质，深深地吸引着孙中山。为了爱情，他们携手同封建势力，同家族势力斗争。

※ 孙中山，一个伟大的革命先行者，用毕生的心血为革命事业奋斗不息。

卢慕贞虽然不识字，却是个极为通情达理的人。她理解孙中山的心情，也体会这份名存实亡的婚姻带给两人的痛苦和不便，对孙中山的关心促使她很快答应了离婚的请求，不过她有点不理解，不是可以娶妾吗？自己既然不介意，完全可以让孙中山娶宋庆龄做侧室啊。

对于孙中山来说，纳妾正是他要废除的封建陋习之一，而对于庆龄来说，这更是匪夷所思的事。卢慕贞理解到这层意思后，便签署了离婚协议。

现在，只剩下庆龄的问题了。

恰在此时，孙中山收到了庆龄请求女仆偷偷投递的急信，她已经被家人软禁起来了……

1915年10月的一天，孙中山的贴身秘书朱卓文带着女儿慕菲雅踏上了开往上海的渡轮。他此行有一个秘密任务：解救宋庆龄。

朱卓文的第一步是派出女儿和庆龄联系，不久，慕菲雅见到了庆龄，转交了孙中山的亲笔信，并告知她孙中山的离婚事宜，庆龄感慨万千。

接着，朱卓文制订了缜密的出逃计划。

夜色笼罩了大地，庆龄却并没有睡。心地善良的女仆帮她在门外把风，庆龄利用床单结成一条绳索，偷偷地滑下了二楼。房间的桌子上有她留给父母的字条，门还是紧紧地反锁着——那是为了防止她逃跑的；然而此时庆龄已经坐在朱卓文准备的车子里，直驶上海码头，买好了去日本船票的朱卓文父女在那里等候着她……

1915年10月25日上午，宋庆龄和孙中山在廖仲恺、山田纯三郎等人的陪同下，在日本牛夯区袋町五番地日本著名律师和田瑞家中办理了结婚手续，并签订了《婚姻誓约书》。下午，梅屋夫人举行茶点宴会作为公开的结婚典礼。宾客满堂，悠扬的《祝福歌》响遍行云……

此时的宋家，却已经闹翻了天。

庆龄离开之前，曾经给亲爱的小妹美龄写了一封信，约略提到了此次出逃计划：

> ……在前几封信上，你当已知道，我希望早日离沪返日，而父母大人表示反对。母亲不要我回去，是怕我再卷到与孙先生的事情中。而父亲的意思，是要我慎重地考虑，怕我不能经受将来跟随孙先生会遭遇的种种困苦。我就这样在家里被禁了好久。我一直希望劝说妈妈改变主意，但是，既然她的主意无论怎样不能改变，我也只好及早下定决心了！
>
> 美龄，你知道当我还没回国的时候，父母居然为我订婚的事吗？你能相信他们居然做出这样的事吗？霭龄居然也介入了这件事，她只管对我说那人是怎样漂亮，怎样有前途。父亲在这件事上其实倒没说什么，只是母亲坚决地要我嫁这人，而不让我跟随孙先生。他们几乎使用了所有的办法——尽管是最温和的办法——想逐渐动摇我的想法。但是他们实在是太不了解我了！他们不知道我认为生活的意义究竟是什么。……我一生最大的快乐，是在和孙先生一起为中国的奋斗中获得的！……我情愿为他做一切需要我去做的事情，付出一切代价和牺牲！
>
> 因此，美龄，当你接到此信时，你不必惊奇，很可能我已抵达日本，回到孙先生身边。我通过孙先生在上海的朋友可以做到这件事。我将采取迅速和秘密的行动，我想你或许会把这叫做私奔吧？但是我只好如此了！由于家庭的反对，我到日本后与孙先生的婚礼，也将是非常简单和秘密的。这事情你代我

※ 1915年10月25日，孙中山先生与宋庆龄女士在日本横滨举行婚礼。他们的结合引来了世人的非议，却为黑暗之中的革命事业带来了一线曙光。

※ 1913年，孙中山先生在日本横滨与中国领事馆部分官员合影。

转告子文吧。美龄，在这情形下，事情是很难办的，但我的决心非常坚定！

这封信很快到了美龄手中，她匆匆给宋子文发了急电："家中有急信，周末就来我处。"当宋子文找到美龄时，递给了她一份报纸，要闻中登着一则消息：

"上海名门宋氏的第二女公子宋庆龄女士，已于10月24日从上海家中私奔抵达日本东京。据讯，她来这里，是为了与中国革命领袖孙逸仙结婚。"

在上海家中，蔼龄和父亲、母亲也在关注着这件事。母亲担心着庆龄的安全，蔼龄嚷嚷着：这是私奔！私奔！她主张派人追回庆龄——凭当时她和青帮

※ 贵为总理夫人的宋庆龄庄严从容，眉宇间透出了她那深装中国万千百姓生死的心胸。图为宋庆龄（前排）与宋美龄（后排）。

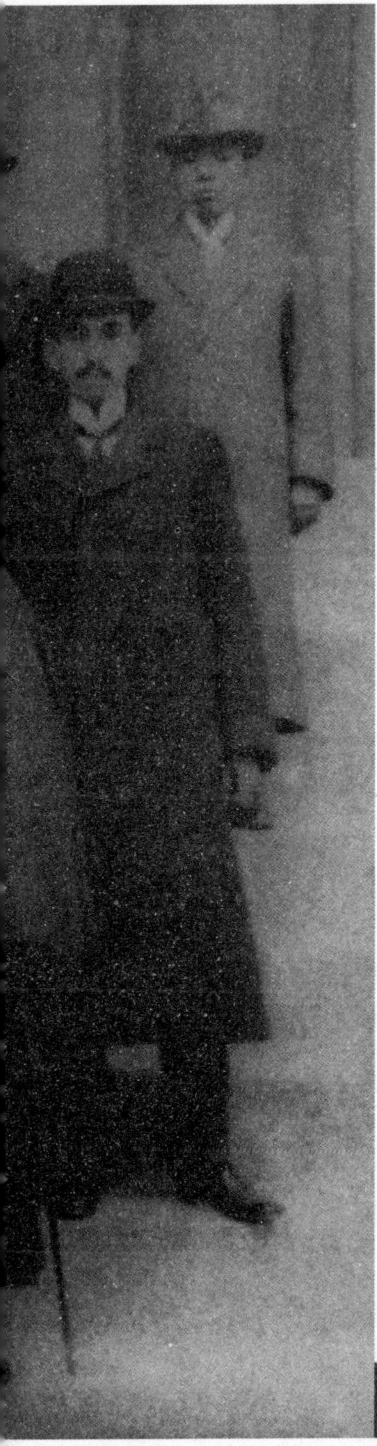

杜月笙的熟悉程度，完全办得到——然而，宋耀如拦住了她，他更愿意由宋家人来处理自家的事。

宋耀如争分夺秒地赶往横滨，然而，晚了一步，婚礼即将结束的时候，宋耀如才到了梅屋夫人的门外，他气呼呼地高叫："我要见抢走我女儿的总理！"

孙中山镇定地走出来了，出乎意料的是，宋耀如忽然跪在地上："我的不懂规矩的女儿，就拜托给你了，请千万多加关照！"

不久，宋耀如向日本政府提出抗议，说女儿尚未成年，是被迫成亲。日本政府答复，手续齐全，合乎日本和中国法律，不能干预。

宋耀如怀着复杂的心情回到了上海，向家人宣布："庆龄已经和孙中山正式结合了。"倪桂珍补办了丰厚的嫁妆，张张扬扬地送到了日本，希望以此刹住社会上的风言风语。

然而，这场没有遵循父亲意愿的婚姻之后，宋耀如虽然依旧支持孙中山的革命工作并和他并肩战斗，却久久不能原谅庆龄。他宣布和庆龄断绝父女关系。在他病重的时候，依然拒绝庆龄的探视。宋耀如病危的时候，朋友朱利安·卡尔将军来探望他，发现了徘徊在门外的庆龄，出于同情，他请宋耀如将庆龄叫进屋来，宋耀如却激动地说："我没有这个女儿！"善解人意的卡尔看出了宋耀如愤怒之外的疼爱，于是示意美龄赶快

※ 孙中山先生与日本友人的合影。

去把二姐接进来。病榻前，庆龄扑倒在父亲怀里，失声痛哭，宋耀如流着泪原谅了倔强的女儿。

然而，父女和解的喜悦并没有挽救宋耀如的生命，在胃癌的侵袭下，宋耀如永远地闭上了眼睛。

十年携手共艰危

庆龄婚后的生活是忙碌而又温馨的。她继续担任孙中山的英文秘书，并且以妻子最大的细心和体贴照顾孙中山的身体，孙中山珍惜和庆龄在一起的生活，他曾满带幸福地说："我开始了一种新的生活，这是我过去从未享受过的真正的家庭生活，我能与自己的知心朋友和助手生活在一起，我是多么幸福！"

1915年12月12日，袁世凯复辟称帝。得知讯息的孙中山立即在日本发表《讨袁檄文》，而国内的革命者也纷纷组织武装反抗，护国战争开始了。

翌年4月，孙中山离日回国，再次投身民主共和战斗的第一线。

回国后的生活简单而繁忙，然而，夫妻之间的情意依旧那么浓厚。虽然每天的菜钱不到2元，宋庆龄仍然尽最大的努力做出可口的饭菜，闲暇时两人一起散散步，打打网球，清贫的生活乐趣无穷。当时，他们的寓所仅是一间月租65元的陋室。一天，4名华侨慕名拜访了孙中山，看到他居然住在这样简陋的地方，大为震惊，于是购置了一套两层楼的小洋房赠送给孙中山夫妇，结婚几年，两人这才有了真正属于自己的家。

这座楼房是一栋花园别墅，坐落在莫里哀路29号，楼前是一片绿草地，沿墙栽种了各色花木，环境清幽，不失为一个工作生活的好地方。家中的陈设半为中式，半为西式，喜爱音乐的庆龄时常坐在钢琴前弹奏一曲，这时，悠扬的琴声就萦绕在这静谧的"天堂"，久久不去……

1921年4月，孙中山再次被推选为中华民国大总统，就职仪式于5月5日在广州隆重举行。宋庆龄陪同孙中山检阅了群众游行队伍，沸腾的气氛中，两人深受感动，频频向在场群众挥手致意。

然而，革命的前途依然阻碍重重。针对各地盘踞的军阀所进行的北伐战争还没有最后胜利，陈炯明，这个中华民国的广东省长、粤军总司令兼内务部长却私底下酝酿着一场暴动。他先是杀害了坚持北伐的邓铿，接着辞去内阁职务，在广东密谋叛变。孙中山不愿相信陈炯明会背叛自己，毕竟那是他一手栽培起来的将领啊。然而，陈炯明早已将栽培之恩抛至脑后。

1922年5月16日凌晨2时左右，酣梦中的孙中山被紧张的电话铃声吵醒，陈炯明叛变了，正率兵攻打孙中山下榻的总统府。

情势万分紧急，孙中山赶快唤醒了宋庆龄，吩咐她赶快撤退。庆龄立刻意识

※ 贵为总理却连自己的一所房子都没有，夫妇二人一心只为着革命事业，却过着清贫而又充实的生活。

到事态的紧急，马上劝孙中山撤退，而孙中山坚持要留下，和总统府共存亡。在这千钧一发的时刻，庆龄大声喊道：“先生，作为总统，你有殉国的勇气，但是更应有率领三军讨平叛军的壮志！”孙中山终于勉强同意撤退，不过，夫妻情深，孙中山想到已经怀孕的妻子，他无限深情地请求庆龄和自己一起走。

面对危险，谁能够全然不惧呢？对一个柔弱的女子来说，炮火是恐怖的、无情的，然而，为了夫君的安危，庆龄什么也不怕！诚然，留下来是危险的，然而，跟着走必然会拖累孙中山，相反，只要自己留下，就可以迷惑陈炯明，让他以为孙中山还没走，从而牵制他的火力，掩护孙中山更快地撤退。庆龄坚持留下，孙中山左右为难。隆隆的炮火中，庆龄的眼睛熠熠闪光，她的脸上是坚毅和无畏。孙中山屈服了，他将50名卫士全部留下，自己戴着墨镜，穿上长衫，化装成医生，匆匆离开了。

炮声越来越近了，屋子里的卫士们开始窃窃私语，危险就在眼前。庆龄镇定了一下精神，吩咐将厨房所有的食物统统拿出来，给大家做了顿丰盛的早饭。热菜热饭落下肚子，刚刚群龙无首的恐怖似乎消除了不少，庆龄略微放了心。然而，刚丢下饭碗，枪炮的声音也来到了耳边，叛军打过来了！

“啪啪啪”，庆龄一连串打开了所有的电灯，这样一来，到处灯火通明，敌人就找不到下手的目标了。叛军已经开始从两面居高临下射击，大声叫喊“打死孙文”！

黎明，这本应温柔安详的时刻，炮声却久久地在威严的总统府徘徊，陈炯明的部队开始了无情的炮轰。卫兵们一个一个地倒下，庆龄心疼极了。天渐渐亮了，卫队的子弹也快打光了，卫队长一遍又一遍地劝宋庆龄赶快下山。

庆龄用包袱带上换洗衣服和一些银毫，孙中山的副官姚观顺派两名卫兵护卫她，在枪林弹雨中匍匐前进，不长眼睛的子弹擦着庆龄的鬓发呼啸而过。不幸的是，姚观顺被一颗流弹击中，顿时血流如注。子弹越来越密，越来越急，根本无法出门，庆龄被困在了屋

※似一支烛，燃尽自己为他人照亮前行的路。

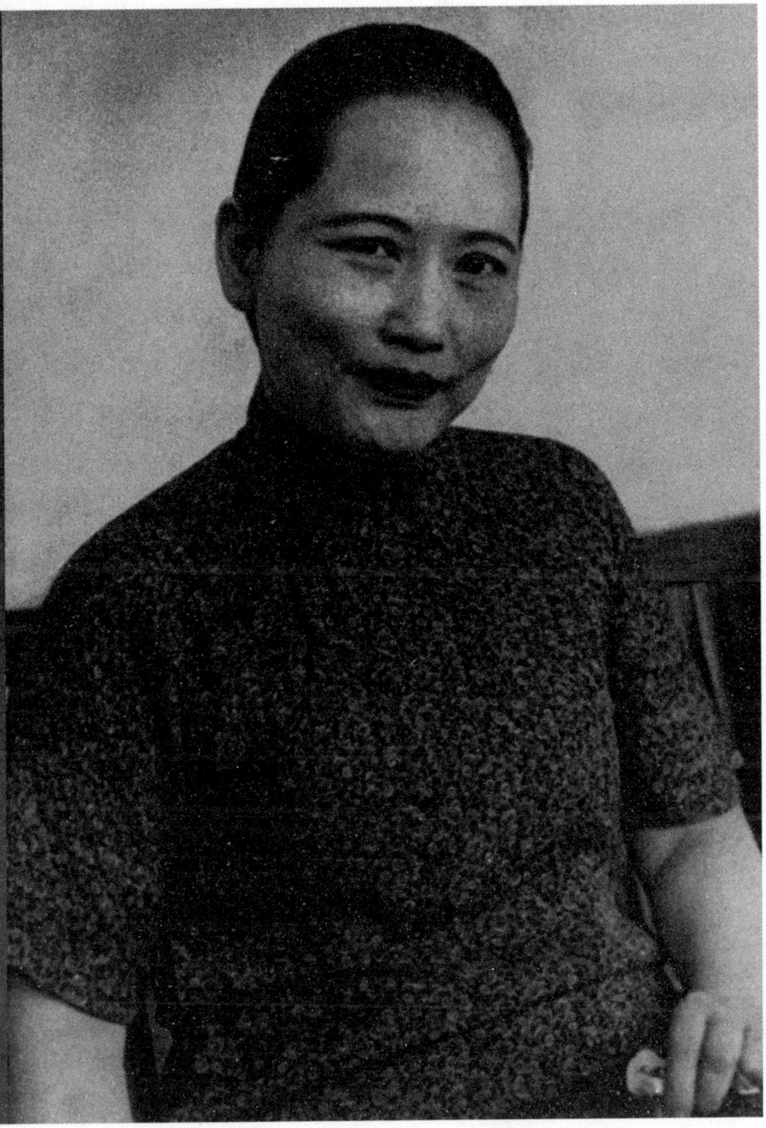

里。炮声仍是震天，一栋房屋倒下了，又是另一栋，弹壳在脚边遍地开花，敌人的呐喊声近在咫尺，触目所及，都是硝烟和卫兵的尸体……

下午的时候，保持中立的魏邦平师长派来了谈判的军官，卫士们惦记着庆龄的安危，纷纷表示一定要确保庆龄安全脱险。然而，军官说进攻的军队并非自己的部下，无法约束，自己不敢打这个保票。话还没有说完，叛军已经打开大门一哄而上，开始了哄抢。庆龄急中生智，拉开了包袱，抓起一把银毫就往地上撒。陈炯明的部队一看到钱顿时红了眼，一窝蜂地扑上去抢，庆龄一面撒钱，一面飞奔，艰难地逃出了总统府。此时，她穿着孙中山的雨衣，戴着草帽，身边仅剩两个卫兵。

逃出大门迎面又是炮火，一队队乱兵四处开枪。乱兵冲上来了，庆龄马上扑倒在尸体堆里装死尸，那些一心发财的乱兵没有注意到……

最后，他们终于逃到了一个僻静的村落。一个老人溜出来想看清什么事，庆龄请求老人给他们一个暂时的容身之所，可是，怕受牵连的老人一口拒绝了。紧张、疲惫加上失望，庆龄忽然昏倒在地，卫士连忙把她扶进屋，用冷水泼醒了她。枪声更近了，一名卫士探头想看个虚实，没想到立刻被流弹击中，倒地身亡。

枪声渐稀时，庆龄和卫士又匆匆出发了。庆龄化装成村姑，挎着一个破菜篮，卫士则扮成小贩。长途跋涉后，终于赶到了长州要塞司令马伯麟家，当晚，住在那里。

这天夜里，炮舰的轰击声不断传来，庆龄知道，这必定是孙中山已经脱险，在指挥战舰向叛军攻击，她终于可以放下心了。

留在广州仍然是很不安全的，第二天，庆龄仍然化装成村姑，逃到沙面，之后辗转来到孙中山挚友岭南大学校长钟荣光的家中。

此时的庆龄已经怀孕，几天的劳累和紧张让她再也无法支持，她小产了。这是她一生唯一的一次妊娠，天性喜爱小孩的庆龄一生也没能拥有自己的孩子。然而，为了挚爱的人，为了中国的革命，庆龄在所不惜。

身体还没完全恢复，庆龄就盼望着再次见到孙中山。在美国朋友纳雯的帮助下，庆龄顺利到达了孙中山所在的永丰舰。

海上的风浪还是那么大，敌舰的炮火仍然在永丰舰周围萦绕不去，孙中山却忽然看到了一叶小舟，好似风中的一片树叶，在无边的海面上摇摇晃晃地过来了。是庆龄么？孙中山的心激烈地跳了

※为了革命事业，为了爱情，宋庆龄独自抵挡着腥风血雨。

※ 穿行在炮火枪声中的宋庆龄泰然自若，无所畏惧。

起来，是自己经历了炮火，辗转流亡的温柔的妻子吗？孙中山的眼睛望不清船上人的模样，然而他的眼睛已经湿润，他感觉到，那叶飘摇的小舟上正是他追随不悔的妻子。果然，一张熟悉的面孔出现在眼前，庆龄的脸上满是尘灰之色，头上围着一块破旧的毛巾，穿着村姑的宽大衣服，可是庆龄那双写满了深情的黑眼睛依然炯炯有神，而此时，却盈满了激动的泪水……孙中山一把抱住了妻子，两人久久沉浸在重逢的喜悦和珍惜中……

然而，战争仍在激烈地进行，庆龄只能在匆匆一晤后离开丈夫赶往上海。重逢后的喜悦还未散尽，相爱的人又一次分开了。

在和陈炯明战斗了近两个月后，经过反复商讨，孙中山撤兵返沪，在莫里哀路29号，再次见到了心爱的妻子。然而，相聚的喜悦并不能消除孙中山心头的郁结，叛军难平，革命前途布满荆棘，美国人也不肯给予经济援助，孙中山不禁深深地反思自己一生的革命历程：希望究竟在哪里？

1923年，由杨仙逸主持制造的中国第一架飞机研制成功，7月上旬，试飞仪式在广州大沙头机场举行，孙中山偕宋庆龄出席了仪式。

杨仙逸从美国带回的华侨飞行员黄光锐被指定为试飞员，飞机即将起飞时，孙中山看到驾驶员身边还有一个空位，于是环顾左右问道："谁愿意参加试飞，当第一名乘客？"

人们面面相觑，没有出声，第一次试飞，是否有十分的把握呢？突然，一个温柔而坚决的声音响起："我去！"是宋庆龄。

轻柔的脚步声中，庆龄微笑着从人群中走出，泰然自若地朝飞机走去。她的衣角在微风中轻轻飘动，典雅的发髻沉甸甸地盘在脑后，秀丽的面容越发显得沉静安详。孙中山带着担心望着妻子，庆龄回复一个温柔的微笑。孙中山知道，庆龄温柔的外表下有一颗坚定执著的心，她决定的事，谁也改变不了；尽管担心，他仍然满怀鼓励地望着她，庆龄读懂了，她几乎不为人觉察地点点头，仿佛对丈夫说："放心……"

※ 宋庆龄泰然自若地走向了飞机，那样的坚定，那样的执著，那样的勇敢……

文弱秀雅的第一夫人款款地坐上客座，飞机升上了晴空。惊心动魄的特技表演之后，飞机在广州上空盘旋了几圈，缓缓降落，庆龄从容地走出机舱，孙中山悬着的一颗心终于放下了。

双剑欲别风凄然

1924年，孙中山提议筹办的黄埔军校成立，孙中山夫妇参加了开学典礼。此后不久，孙中山再次举起北伐大旗，号令全国讨伐北洋军阀。之后，冯玉祥、胡景翼和孙岳趁北方军阀内战之际，发动政变，囚禁贿选总统曹锟，推翻了声名狼藉的直系政府，电邀孙中山北上主持国是。

孙中山和宋庆龄取道日本，再由日本转往天津大沽口。在那里，夫妇俩受到了群众的热烈欢迎。

到天津的当天下午，孙中山不顾旅途劳顿拜访了张作霖。张作霖为了摆架子，在住所周围严布岗哨，而且让孙中山一行在客厅等候了许久，才一步三摇地缓步走出，盛气凌人。然而，为顾全大局，孙中山强压怒气，心平气和地向张作霖致谢，感谢他派军警迎接自己。张作霖十分高兴，与孙中山会谈了两个小时，事后对张学良说："中山伟人也，名不虚传，颇有容人之雅量，吾服矣！"

想不到的是，当天孙中山回到寓所就发冷发热，肝部病情起了变化，卧床不起。庆龄见此情景，焦虑万分，立刻请来天津最好的医生诊治，自己则侍汤侍药，精心照顾，亲自料理孙中山病中的饮食。过了不久，孙中山看起来痊愈了。

恰在此时，革命的情势起了变化。冯玉祥电邀孙中山北上之时，形势似乎十分明朗，然而，不久北洋各实力派军阀即联手排挤冯玉祥。张作霖到天津后，与冯玉祥也矛盾重重。为了牵制张作霖，冯玉祥只好请段祺瑞出山为北京临时政府执政。段祺瑞表面上不敢怠慢孙中山，内地里却投靠列强，准备绞杀革命力量，更新政局的希望至此化为泡影。孙中山盛怒之下，肝病再次加剧，庆龄劝慰不止。

1925年元旦，孙中山乘火车抵达北京，住进了北京饭店，然而他的肝病，却日渐严重。医生和宋庆龄、宋子文、孔祥熙以及国民党重要领导人反复商量，一致赞成住院治疗。1月26日下午，孙中山在协和医院动手术。

医生熟练地打开腹腔，却发现肝脏坚硬如石，已经是肝癌晚期，无法割治了。这个消息对庆龄来说，不亚于晴天霹雳。

自知患了绝症的孙中山仍然保持着革命者的坚定和乐观，看到庆龄愁眉不展，他心疼地安慰她说："Darling，近来你脸色不好，不要为我那么担忧。我素来就不完全依靠医药，主要依靠的是我的勇气，我坚信我的勇气终必能战胜此病，绝无危险。"庆龄看着丈夫炯炯有神的眼睛，含泪点了点头。

不久，庆龄与各方协商后，搬到铁狮子胡同顾维钧私邸，开始用中医为孙中山治疗。在这里，庆龄寸步不离病榻，陪伴孙中山度过了他人生的最后时光。

病人的睡眠是宝贵的，为了不惊醒梦中的孙中山，庆龄在屋里只穿袜子行动，小心翼翼，避免发出任何动静。她走路的姿态、神

※ 孙中山先生与夫人宋庆龄女士在黄埔军校的开学典礼上。

态使人深切地感到她对孙中山无限的深情，无限的尊敬。一旦孙中山醒来，她就马上端茶递水，服侍汤药。病重的孙中山脾气焦躁，经常不愿服药，每当此时，庆龄就轻言细语，百般劝慰，总要孙中山吃了药才能安心。

然而，药是挽救不了孙中山生命的。3月11日凌晨，孙中山病危。庆龄已经哭了好几天，双眼红肿，更为残酷的是无论如何悲痛欲绝还必须请先生在遗嘱上署名，因为时日不多了。孙中山此时已经无法写字，最后，庆龄握着孙中山的手在遗嘱上写下了“孙文”这个名垂千古的名字。

当天下午，弥留之际的孙中山反复嘱咐儿子孙科，女婿戴恩赛：“善待孙夫人。”当何香凝来探视时，孙中山已经吐字困难，何香凝含泪表示会善待庆龄，孙中山紧握着她的手说：“我感谢你……”

有时，孙中山会病痛难耐，万分痛苦。每当此时，庆龄便泪如雨下，孙中山见状，安慰她说：“Darling，你不用悲哀，我之所有，即你之所有。”庆龄深情地回答：“我一切都不爱，爱者唯你而已。”庆龄哽咽难忍，泣不成声。

在孙中山的最后时刻，他已经处于昏迷状态，呼吸困难，但是仍然断断续续地喊着“和平”、“奋斗”、“救中国”等字，还有他最放心不下的“Darling”。

3月12日上午9点25分，孙中山永远地停止了呼吸，一代伟人弃世而去，泪眼婆娑的庆龄亲手合上了他未闭的双眼。

19日，孙中山遗体移至中央公园（即今之中山公园）公祭，庆龄身着黑色丧服，面戴黑纱，没有抽泣，也没有哽咽，平静的脸上流露出坚定沉毅的神色，使前来拜祭的群众深受鼓舞。

孙中山逝世后，革命形势发生了巨大变化，宋家再一次分裂了。庆龄坚持孙中山的遗志，为中国的未来奋斗，而蒋介石之流却为了个人名利争权夺势，完全背离三民主义。更可悲的是，宋霭龄和孔祥熙却都站到了蒋介石一边。庆龄毫不妥协，公开发表声明，谴责蒋介石对中山先生的背叛，蒋介石先是企图拉拢庆龄，见此计不成便又准备暗杀庆龄。在宋家人的阻止下，蒋介石的阴谋没有得逞。接下来蒋介石又准备软禁庆龄。宋子文悄悄捎来了消息，劝庆龄留心安全。国内已非清净之界，在朋友的陪同下庆龄秘密出行，远赴莫斯科，然而，她的目光仍然追随着她所挚爱的祖国。

庆龄在莫斯科的第三个月，传来了一个令她十分心痛和震惊的消息：美龄和蒋介石结婚了！

庆龄还在国内的时候，蒋介石已经开始了对美龄的追求，遭到了庆龄的坚决反对。蒋介石追求美龄的目的，不外乎是为了提高自己的政治地位，为将来掌权打基础。不仅如此，蒋介石风流成性，除了家乡的发妻之外，还有姚冶诚、陈洁如等新欢，美龄嫁给他，怎么会得到幸福呢？然而，宋霭龄却极力促成这件婚事，美龄最后

※ 人们深切缅怀伟大的革命先行者——孙中山先生。图为孙中山先生的追悼会现场。

还是跟蒋介石结婚了。庆龄从小和美龄姊妹情深，看到妹妹结下这没有爱情的婚姻，怎么不痛彻心扉！她更伤心的是，不仅美龄，看来全家人都已经背叛了自己。霭龄出于自身利益对婚事的撮合，妈妈倪桂珍曾经竭力反对这桩婚事，如今居然答应了；而亲爱的弟弟宋子文也没能招架住蒋介石和宋霭龄的两面夹击，投靠了蒋介石；就连孙科，居然也抛弃了先父遗训，敌我不分了……

倔强的庆龄把自己关在屋子里，无声地哭了，多少的心酸和委屈，多少的艰难，随着泪水默默地涌上心头，而对孙中山刻骨铭心的思念，久久徘徊不去……

灾难并没有结束，不久，南京政府又放出谣言，说庆龄准备和陈友仁在莫斯科结婚。人言可畏，庆龄为避嫌疑，不得不考虑离开莫斯科，而蒋介石此举的险恶用心又让她心惊胆战：这分明是为了抹杀孙中山的形象，提高蒋宋联姻的地位，从而达到政治目的。此时庆龄还不知道传播谣言的也有她的大姐霭龄，然而，这已经让她不堪重负，庆龄病倒了。

蒋介石自以为一系列打击足以使庆龄软化，不断地来信劝降，结果遭到了庆龄的坚决回击。之后不久，为避开这些干扰，庆龄动身到德国小住。

1929年，蒋介石着手为孙中山修建陵园，特地请旅居欧洲的宋庆龄回国。庆龄知道蒋介石此举是为了扩大自己的声誉。然而，对中山先生的思念，对祖国的思念，对家人的思念最终促使庆龄动身回国。5月，她乘火车到达沈阳。在那里受到了张学良的热情欢迎，张夫人于凤至亲自到火车站迎接。在于凤至的陪同下，庆龄来到了北京。

一路上，庆龄一直都很镇定，一派巾帼豪杰风范。但是在到达孙中山灵柩所在地碧云寺时，她撑不住了，对亡夫的无限哀思压倒了她，她几乎无法挪动一步。左右见状赶快上前搀扶。揭开孙中山灵柩上覆盖的国旗后，庆龄终于见到了自己日思夜想的亲人的面庞，她痛哭失声："总理，我在此，你往哪里去了！"周围的人纷

※ 这位国母无论走到哪里，总是受到众人的拥戴。图为宋庆龄访问莫斯科时受到的热烈欢迎。

纷落泪，有幸同生，缘何不能同死啊！

6月，庆龄亲自护送孙中山灵柩到南京中山陵安葬，公祭后，庆龄亲手封闭了墓门。

为了逃避蒋介石和美龄的劝降，庆龄回到了生病的母亲倪桂珍身边，尽心尽力地照顾母亲，过上了平淡的生活，享受久违的天伦之乐。霭龄、美龄、子文也经常回家，不过，姊妹间有点隔阂，政见的不同使姊妹间有一种压抑的气氛。庆龄很少说话，只是为母亲

※ 蒋介石在孙中山先生去世后，窃取革命成果，对反抗他的宋庆龄多次暗下毒手。

※ 孙中山先生逝世了，宋庆龄独自担起了与敌对势力对抗的任务。图为宋庆龄与孙治平、孙穗英在北京行辕花园合影。

※ 戴季陶（1891～1949），原籍浙江吴兴（今湖州市）人，生于四川广汉。孙中山逝世后，出版《孙文主义之哲学基础》，鼓吹“戴季陶主义”，参加西山会议活动，成为国民党右派的重要头目。

忙来忙去。

此时，国内形势发生了巨大变化。红军力量迅速崛起，使蒋介石十分恐慌，开始疯狂镇压。庆龄针锋相对地发表了电文，谴责蒋介石对内屠杀工农群众，对外亲帝反苏的行径。蒋介石又恨又怕，于是派出亲信戴季陶前去和庆龄商谈。

狡猾的戴季陶先是劝诱庆龄，接着开始指责庆龄不分敌友，协助工农红军，并恬不知耻地指责庆龄帮助红军的举动“丢政府和民族——你自己的民族——的脸”，大义凛然的庆龄义正词严地指出蒋介石投靠日本帝国主义，屠杀中国人民的行径才是国家和民族的耻辱，斥责了蒋介石派特务监视自己的卑鄙行为。戴季陶恼羞成怒，威胁说：“你要不是孙中山夫人，我们非要你人头落地不可。”庆龄却笑着回答：“如果你就是那种伪装的革命家，你什么时候来砍我的人头都可以。”黔驴技穷的戴季陶只好落荒而逃。

后来，庆龄将与戴季陶的谈话全文登载在《大公报》上，这下子蒋介石的卑鄙行径尽人皆知了。不过，国内对庆龄的困扰毕竟太大，不久，庆龄乘船由上海出发，再次流亡欧洲，直到几年后倪桂珍因病去世，悲痛的庆龄才匆匆回国。葬礼后，子文说道：“我们没有妈妈了。”一句话让宋家姊妹们哭泣不止，庆龄哭得最痛，因为政治的迫害使得自己一直不能侍奉慈母膝下，如今，即使有心也已无力回天了！

雪虐风号愈凛然，花中节气最高坚

6月的南京，炎热难当，宋美龄依照习惯翻看送来的文件，却发现其中赫然有姐姐庆龄发表的一篇文章《国民党已不再是一个政治力量》，文中强烈谴责了国民党内部的分裂和蒋介石、汪精卫之流公然背叛孙中山遗志，进行持续内战，给百姓带来无穷灾难的行为。文未看完，美龄十分生气，这个二姐呀，不给自己面子不说，从她的文章看来，明显已经站在了支持共产党的一方。

美龄沉思了，长此以往，姐妹间是否会越来越隔阂？二姐一向心疼自己，如果用亲情感动她，说不定她会回心转意。不如给她写封信，邀她来南京玩？还未动笔，蒋介石已经走进来了，一听美龄说起准备给庆龄写信，蒋介石脸上马上晴转多云："给她写信？这人实在令人不可思议！好心当做驴肝肺，我真拿她没办法！"

不久，得知此事的上海青帮头目杜月笙也打来了电话，同样对庆龄的文章咬牙切齿。在电话里他极力撺掇蒋介石干掉庆龄，蒋介石心动了，对着美龄发脾气说："夫人，你不要再护她了，我要干掉她！"

不过，蒋介石将这话告诉美龄却是失策。虽然政见的不同使姐妹俩隔膜起来，但毕竟血浓于水，说到底美龄还是关心二姐的。美龄和蒋介石大吵了一通后马上通知几

※ 毕竟血浓于水，宋美龄利用她所能利用的一切救宋庆龄于危难中。

※杜月笙，当年上海滩的青帮老大，曾帮助蒋介石镇压革命运动，宋庆龄的活动引起了他的注意。右一为杜月笙。

个弟弟，提醒庆龄出行注意安全，尤其防备杜月笙。不仅如此，美龄还行使第一夫人大权，几次阻止杜月笙求见蒋介石。杜月笙又气又恼又无可奈何，于是决定单方面动手。

这天，庆龄刚回到莫里哀路29号，电话响起了，一个男人用急促的声音说："学生领袖章士桐被捕，28名学生被抓，孙夫人您快出面调停一下吧！"电话一挂，庆龄急匆匆地招来司机小聂，两人立刻出发。

刚驶入繁华市区，忽然一辆"的士"迎面冲来，小聂赶紧猛打方向盘，说也奇怪，小聂往左“的士”就往左，往右它就往右，一个躲闪不及，庆龄的车一头撞在了一棵大树上，“的士”一溜烟走了。

庆龄因车祸住院的消息不胫而走，爱国学生纷纷探望，其中居然有章士桐。庆龄惊诧地问章士桐怎么回事，章士桐莫名其妙：“谁说我被抓了？没有的事啊，纯属造谣！”庆龄一下就明白过来了。

消息传到南京，宋美龄一头闯进了蒋介石的军机处，把正在开会的蒋介石抓了出来，怒声质问。蒋介石当然连连推说不知，美龄怒气难平，直到孔祥熙出面劝解方才平息。

而杜月笙也为此烦躁不已，本以为杀死了庆龄，没想到庆龄大难不死，爱国学生却不断揭露青帮劣行，号召群众反抗，气得杜月笙一枪毙掉了“有辱使命”的“的士”司机。

1932年，“一·二八事变”震惊了全国，日寇开始对上海狂轰滥炸，扬言在48小时内占领上海。十九路军在蔡廷锴、蒋光鼐的领导下顽强抵抗，庆龄也和好友何香凝积极投入到援军筹划中。她们冒着枪林弹雨看望了在前线浴血奋战的将士，并募捐到大量资金和救济物资运送到前线。为了表示自己和十九路军抗战到底的决心，庆龄还手持一枚缴获的日军子弹请人拍了照。

战斗进行得十分惨烈，每天都有大批伤员等待医护，而人手却不够。庆龄四处招募志愿护理伤员的妇女，谁知道那些贵妇人一听说要去照顾当兵的“大老粗”，个个瞠目结舌，大叫有失体统，庆龄得知后轻蔑地一笑，鄙夷地说：“我懂了，你是要让他们为你们去死，而不愿意他们和你们一起去活。”贵妇人们灰溜溜地走了，庆龄和何香凝穿上白色护士服亲自到病房护理伤员。

然而，南京蒋介石政府却不顾人民的呼声，拒绝给十九路军支援，并且答应同日本签订不平等的停战协定。无可奈何的十九路军只得撤离战场，庆龄满腔悲愤。

在庆龄与蒋介石毫不妥协的斗争中，有一个传奇广为流传，那就是营救红军第四方面军参谋长陈赓。

陈赓的一生充满了传奇色彩，他曾经是孙中山的卫士，也是黄埔军校的高才生。当年陈炯明炮轰总统府后，正是他掩护宋庆龄搭乘小舢板登上了永丰舰和孙中山重聚的；在第二次东征时，陈赓也曾救过负伤的蒋介石。不过，蒋介石并未因此放过他，趁陈赓到上海疗伤之际，派特务逮捕了他。

对于这员虎将，蒋介石起了爱才之心，再说，杀了陈赓的话自己也得背个杀害救命恩人的坏名声，权衡之下，他亲自给陈赓写了劝降书：

> 查陈赓乃吾昔日之袍泽，勇冠三军，于北伐中卓著成绩，姑念年轻失足，误入迷途，宜加珍惜恕容，多于照拂，促其鄱悟。若能起誓归顺，效忠党国，定当重用。

不过，陈赓对此却并无反应。最后，蒋介石只好亲自出面，企图用自己的“爱才”、“提拔”打动陈赓。没想到的是，陈赓对这个委员长的好意丝毫不领情，斩钉截铁地拒绝了他的劝降。蒋介石无奈，只好准备秘密处死他。

不过，世上没有不透风的墙，庆龄很快得到了消息，亲自上门找蒋介石评理。有一种说法是当时戴笠也在场，还不知天高地厚地在旁边帮腔，不料被盛怒的庆龄甩了一个巴掌，灰溜溜地溜走了。不管事实如何，经宋庆龄干预之后，蒋介石迫于压力不得不很快释放了陈赓。

白色恐怖的时候，国民党不断暗杀爱国人士，就连宋庆龄，也一直是他们注意的目标。蒋介石不仅派出便衣长期监视庆龄的住宅，而且还授意部下派出特务试图混进庆龄身边，因此也闹出了不少笑话。

庆龄身边有一个忠心耿耿的女用人李燕娥，特务的眼睛就盯上了她。这天，李燕娥上街买菜，却被一辆疾驰而至的汽车撞倒在地，车里马上跳下一个漂亮小伙，含情脉脉地扶起了李燕娥。殷勤

※ 美龄一直是蒋介石的左膀右臂。

※ 无论出现在何时何处，宋庆龄永远都保持着国母的那份端庄。

※ “唯菊与石，品质高洁；唯石与菊，天生硬骨。悠悠清泉，娟娟皓月；唯菊与石，品质高洁。”何香凝的这首诗恰是对宋庆龄一生的最佳概括。

的小伙子以后频频出现在李燕娥身边，李燕娥心动了。庆龄得知后，沉吟了一会儿，要燕娥把小伙子带回家看看。

几天后，燕娥带着小伙子进了公寓，庆龄不动声色地问他：“一个月拿几担米铜呀？”

小伙子支吾了半天回答：“一个月……四担米。”

庆龄仔细地看了看他的脚，又随口问了几句，就没再说什么了。小伙子脸色苍白，浑浑噩噩地走出了公寓。

庆龄找来了李燕娥，告诉她，这人是个特务。李燕娥一震。

原来，这个笨特务对上海工人的生活情况根本不了解，当时的工作是每十天结一次账，庆龄故意问他每月工资多少，他傻头傻脑地并没有发现这个“圈套”；而且，这个爱漂亮的特务脚上居然穿了一双天价的进口皮鞋，如果如他所说他只是个普通工人，哪有这个经济实力？

庆龄的分析头头是道，李燕娥明白自己上当了。果然，从此以后帅小伙再也没有出现在李燕娥眼前。感情受伤的李燕娥伤心不已，庆龄一次次地安慰才让她重拾欢乐。

抗日战争期间，宋庆龄一直在忙碌着。募捐，争取世界援助，筹建医院，组织义卖，看望伤员……忙碌的庆龄也有自己的幸福——因政见不合分裂的姐妹又因为反抗民族压迫走到一起来了。这些日子，霭龄、庆龄和美龄常常出现在同一场合，发表演讲，号召全国动员起来全民抗日，姐妹间年少时亲密的感情，似乎已经恢复了不少。中秋节的时候，在美龄极力张罗下，宋家人畅享欢乐，姐妹兄弟六人终于团聚在美龄的黄山官邸，尝到美龄亲手烹饪的花溪河鲤鱼时庆龄满心欢喜，一家人欢声笑语不断。吃完饭后，姊妹们趁着余兴来到重庆大酒家的舞厅，这是成年后宋家人的第一次大团圆，但谁也不曾想到这也是最后一次。

然而，随着抗战的结束，姐妹们又一次分成了两个阵营。庆龄坚定地站在共产党一方，她利用自己在国际上的影响力，为解放区募集了大量资金、武器和医疗设备，有力地支持了后方的战斗。这些行为自然招致蒋介石、戴笠等人的切齿仇恨，美龄、子文采取严密措施保护姐姐的安全，蒋介石的企图才未能实现。

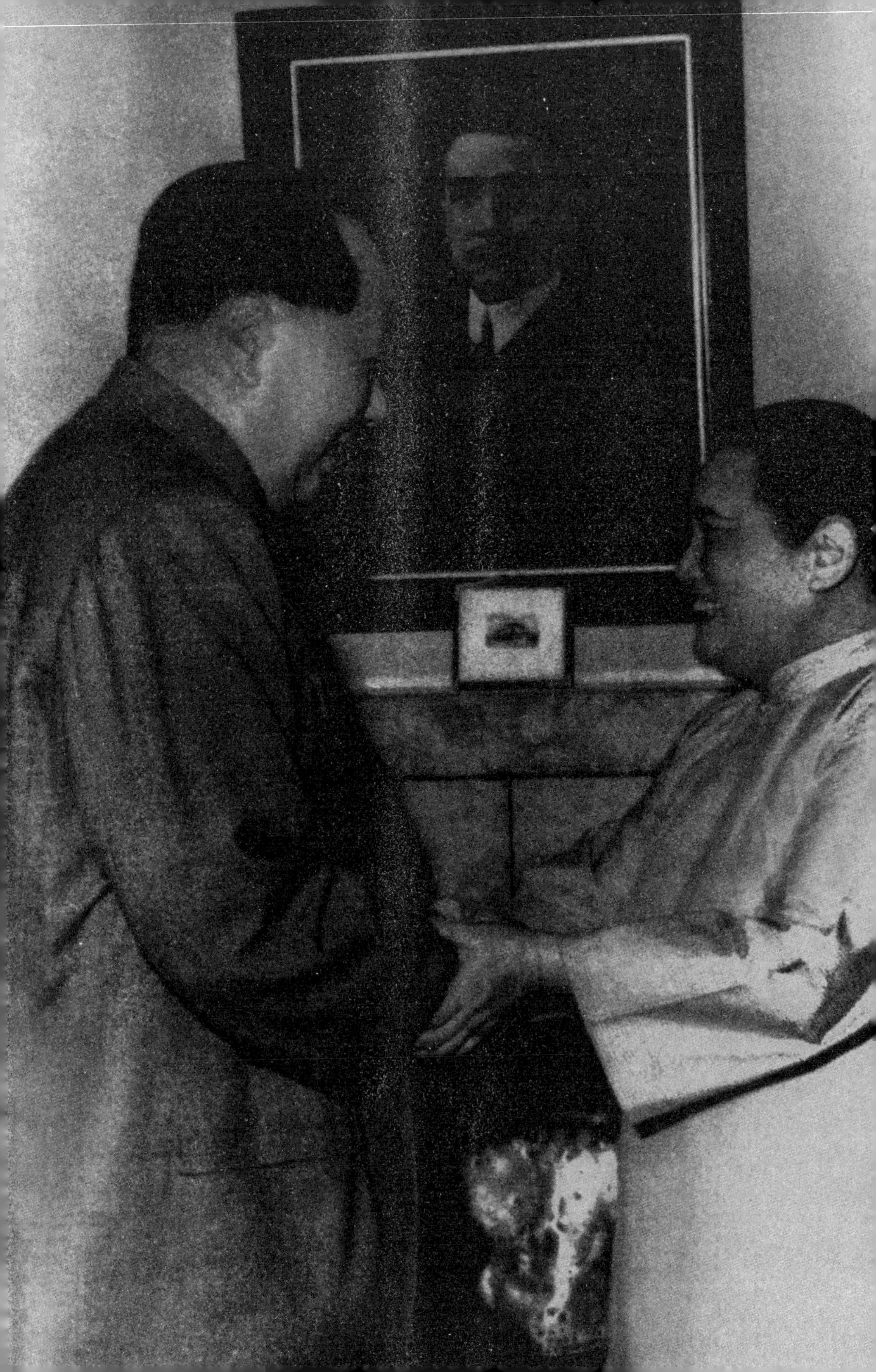

坐看云起时

1949年，曙光渐渐照在中国的大地上。大姐霭龄一家定居美国已经几年，小妹美龄也收拾行装到美国求援去了，庆龄的目光依然深邃、安详。虽然蒋介石一再威胁说如果庆龄不随自己去台湾，台湾将不承认宋庆龄的身份，而奉卢慕贞为“国母”，庆龄对此只是轻蔑地一笑，这样虚张声势，只能说明蒋介石没几天跋扈了。

雾气还未散尽，庆龄已经满怀喜悦地站在了窗前，桌子上摆着两封电报，一封是大姐霭龄的。一封是来自西柏坡的，西柏坡的电文全文如下：

> 庆龄先生：
>
> 中国革命胜利的形势已使反动派濒临死亡的末日，沪上环境如何，至所系念。
>
> 新的政治协商会议将在华北召开，中国人民革命历尽艰辛，中山先生遗志迄今始告实现，至祈先生命驾北来，参加此一人民历史伟大的事业，并对于如何建设新中国予以指导。至于如何由沪北上，已告梦醒和汉年、仲华熟商，总期以安全为第一。谨电致意，伫盼回音。
>
> 毛泽东　周恩来
>
> 子皓

新的生活开始了。

新中国成立后，宋庆龄的生活忙碌而又充实。她致力于妇女儿童事业，领导了“中国福利会”的工作，倡导成立了儿童艺术剧院并在各地建立少年宫，剧院的孩子都尊敬地称呼她“宋妈妈”。

※ 毛泽东主席接见宋庆龄女士。一位伟大的领袖和一位伟大的女性相聚，才彰显出无尽的深意……

然而，时光之书翻到1966年这一页的时候，“文化大革命”的风暴却不可避免地波及了这位可敬的老人。

红卫兵企图捣毁庆龄宅邸，机智的庆龄叫人在墙上贴满了《毛主席语录》，红卫兵没有借口推墙了。可是，远在上海的宋耀如夫妇的陵墓却遭到了当地农民的毁坏，中山陵的铜像被红卫兵挪走，孙中山的纪念堂也被破坏，庆龄泪如泉涌。

周恩来对此非常重视，他顶住巨大压力，立刻给上海打了长途电话，张春桥和姚文元操纵的上海市革委会被迫重新修缮了宋家墓园，重立了墓碑。庆龄看到修复后的宋氏墓地照片，欣慰地笑了。然而，庆龄不敢掉以轻心，她流着泪修改了自己的遗嘱，表示死后将葬于宋家墓园，以这种方式保护父母的坟墓不再受到破坏。

日子就这么艰难地过着，工作人员对庆龄一天比一天冷淡，庆龄按照习惯送给他们食物，他们却说，我们不吃资产阶级的东西，气得庆龄的胃都疼了。当时庆龄已年过七十，无儿无女，每天和秘书刘一庸、老朋友黎沛华一起用餐，然而有人却跳出来指责两人有问题，不能让他们过这种资产阶级生活，孤单的庆龄被迫独自用餐。

不久，庆龄的秘书金仲华被迫害致死，表妹倪吉贞也被迫自杀。漫漫长夜，庆龄满含悲痛等待着黎明的再次到来。

1976年的秋天，这个举世欢腾的时候，横行一时的“四人帮”终于被一举粉碎了！庆龄和全国人民一样欢欣鼓舞，至今流传着这样的故事：宋庆龄在家中请客，将三只公螃蟹和一只母螃蟹绑在一起，微笑着说：“看你横行到几时！”

守得云开见月明，庆龄的生活从此又洒满了和煦、温暖的阳光，她的脸上也重新出现了笑容。清明端午时，庆龄的女用会为她制作地道的江南点心。这时候，庆龄就兴致勃勃地托秘书将点心分送给周恩来夫妇等好友，共享节日的喜悦。

不知不觉，庆龄已经是80多岁的老人了，无儿无女的她十分怀念过去幸福温暖的家，而几个姐妹、兄弟也是她最挂念的。姐姐蔼龄，弟弟子文、子安已经过世多年，庆龄盼望着在有生之年能见到小妹美龄和弟弟子良。国家的政策已经放宽，庆龄觉得，该是姊妹重逢的时候了吧？

不久，庆龄通过廖承志了解到美龄的消息，她觉得和妹妹重逢已是指日可待，欣喜地构思着美龄回国后的住处，甚至连房间的布置细节都想到了。遗憾的是，因种种原因，美龄并没有回来。

1981年年初，陪伴了庆龄大半生的忠实女用人李燕娥因病去世，多病的庆龄又一次受到了重大打击。这些年来，庆龄一直亲切地称呼李燕娥为“李姐”，两人亲如姐妹。她曾经伤心地看着李姐一病不起，在癌症的折磨下昼夜呻吟，此时她抱着李姐的骨灰盒，吻了又吻，泪落不止。在庆龄的安排下，李燕娥的骨灰安置在上海宋氏陵园，庆龄送了花圈，墓碑上写着“李燕娥女士之墓 宋庆龄立”。

只是人们没想到，在庆龄为李姐送行时，她的人生之旅，也接近了尾声。

这一年的3月，庆龄被确诊患了白血病。

在生命的最后关头，庆龄再次提出加入中国共产党的申请。很久前她曾经这么要求过，但是考虑到她在党外人士中的影响，周总理劝她仍然保持民主人士的身份，庆龄答应了。生命的最后关头，庆龄不愿带着遗憾离去。不久，在邓小平主持召开的政治局紧急会议上，一致通过了庆龄的入党申请，庆龄欣慰地笑了。

得知庆龄病重的消息，无数封慰问信从全国各地飞来，这其中，有庆龄的朋友，有被庆龄营救过的同志，更有许多素未谋面的人，大家的心愿是一样的：愿庆龄早日康复！

不久，庆龄的弟弟宋子良从美国发来了慰问电函，孙科的女儿孙穗英、孙穗华也专程从旧金山赶来看望病中的祖母，此时的庆龄只能微微地睁开因体温过高而红肿的双眼，颔首示意。

5月28日，庆龄病情恶化，医务人员进行了紧急抢救，抢救工作持续了20多个小时，然而，庆龄还是走了……

※ 20世纪伟大的女性，处处显露着她宽厚的心胸。

遗体运往八宝山的时候，百万人自发组成的送灵队伍由人民大会堂一直延伸到八宝山，灵车缓缓地行驶着，悲伤的人们流着眼泪，呼喊着“宋妈妈”、“宋奶奶”，他们不愿相信，慈爱的庆龄就这样走了……

遵从庆龄遗嘱，庆龄的骨灰由邓颖超、廖承志等人护送到上海，安葬在万国公墓内宋氏陵园庆龄父母的身边。在庆龄的墓前摆放着一座洁白的汉白玉雕像，栩栩如生地再现了庆龄端庄秀丽的外貌。雕像的眼神安详凝重，仿佛庆龄仍然凝视着她热爱的祖国。而墓碑旁，一棵从南京中山陵移植过来的中山柏参天矗立，仿佛这对爱侣仍然并肩而立，接受着光阴的洗礼……

第四章

宋美龄私密生活影像

幼年时漂亮活泼的宋美龄却时时有一种噩梦般的感觉：一睁开眼睛，周围的人，哪怕是自己的亲姐姐亲哥哥，也都不见了，他们全都抛弃了自己，抛弃了自己这不受欢迎的人……这种感觉常常让她浑身发颤，顽固的荨麻疹也往往在此时复发，让她苦恼不堪。这种情形并非凭空想象。有一次小美龄吵着要和哥哥姐姐一起玩，大孩子们不愿意带上这个小累赘，于是骗她捂上眼睛，数到100时再睁开眼和大家一起走。天真的美龄相信了，她捂着眼睛认认真真地数了起来——终于数完了，可是睁开眼睛后，已经没有一个人了!美龄号啕大哭，被抛弃的伤心和不被重视的委屈一直盘踞在她心头。这件事在美龄心中一直是个阴影，甚至在长大后的很多年里，她一直没法摆脱这种挫折感，难以和人推心置腹地相处，使不了解她的人对她有了种种误解；而荨麻疹也在她每一次激动的时候就复发，时时困扰着她……

不知何处是他乡

美龄小时候一直是一个活泼可爱的小女孩，然而，比起两个姐姐，美龄活泼的外表下也有着一颗敏感的心。大姐霭龄和二姐庆龄都是很早就进了学校念书的，好胜的美龄一点儿也不想输给姐姐们，5岁那年，她也吵着要读书。父亲宋耀如一直宠爱小女儿，很快满足了她的愿望，美龄高兴极了。在学校里，美龄得到了巨大的满足感，她是唯一一个敢于独自走过一段黑暗通道的女孩，而且她又是那么年幼！老师表扬了她，然而老师不知道，在听到表扬后欣喜不已

※ 进入威斯里安女子学院的宋美龄热情活泼，赢得了同学与师长的喜爱。

※ 宋氏兄妹逐渐地相聚在异国他乡。在一生的岁月中，那是他们最快乐的日子，无忧无虑、亲密无间。图为在美留学时的宋美龄（左）、宋子文(中)、宋庆龄（右）。

的美龄也有自己的难言之隐：事实上，美龄和别的女孩子一样，害怕从这条通道走过。然而，为了显示勇气，她每天坚持从这儿走。长期的恐惧和压力使小美龄在看到窗外被风吹得乱摇的树枝时也会浑身冷汗，夜里噩梦不断，常常整夜睁着眼睛不敢入睡。父亲得知了这个情况，赶快把美龄接回家中，请来私塾先生认真教授，就这样，美龄在私塾读书直到9岁时随二姐庆龄出国留学为止。

由于在家中读书，美龄有更多的机会盘绕在父母身边。父亲异常宠爱这个胖乎乎的、被叫做“小灯笼”的女儿，于是经常把她带在身边，哪怕是和商人谈生意的时候。美龄总是目不转睛地看着父亲的言谈举止，默默记在心中，后来令人倾慕的“第一夫人”的外交才能，也许就是在此时植下种子的吧……

庆龄从中西女塾毕业了，父亲准备把她送到美国和霭龄一起留学。可是，

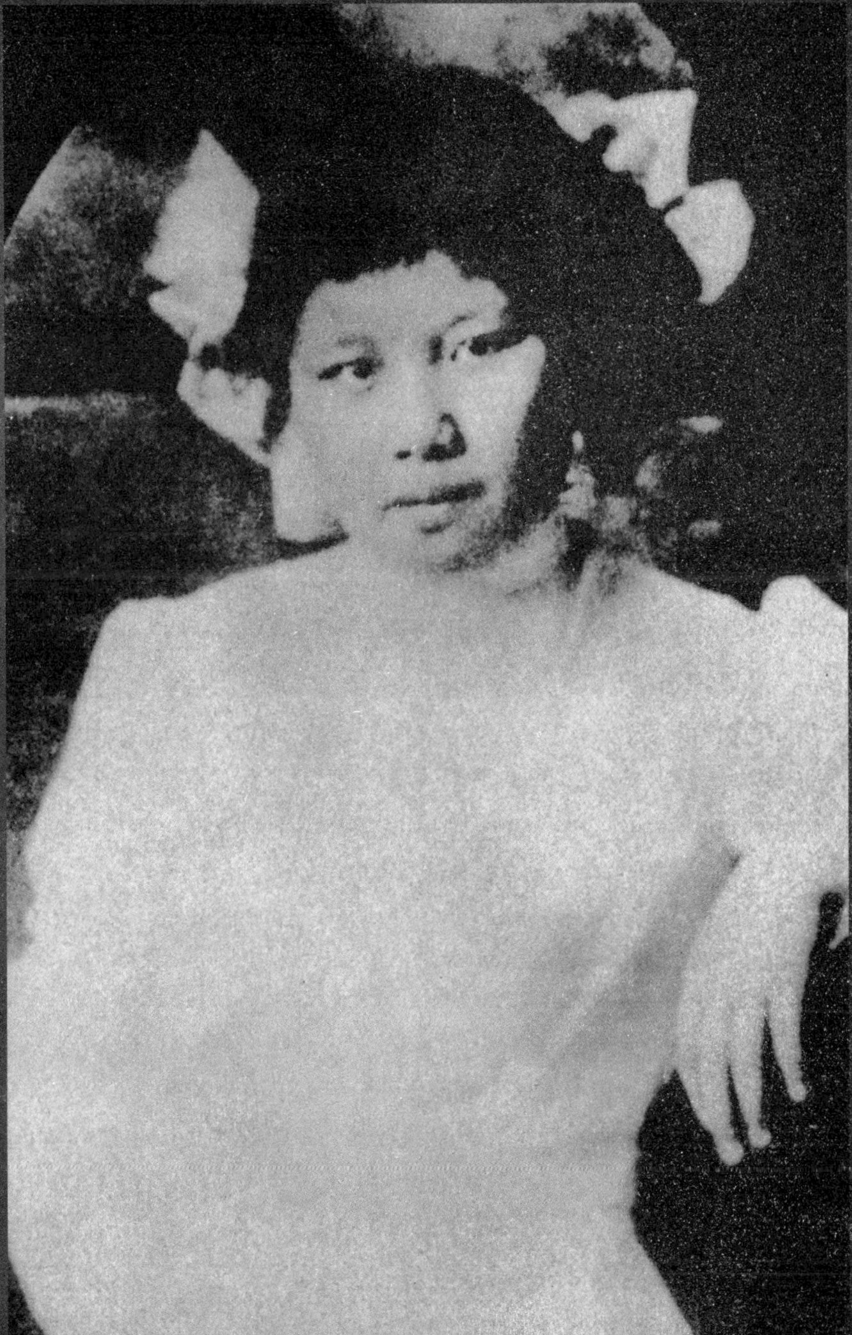

※ 13岁的宋美龄机灵古怪，幼小的年龄就显示出了与同龄人不同的思维方式。

※宋美龄将头发高高地盘起，俨然一位尊贵的日本妇人。

不到10岁的美龄也吵着要去，倪桂珍十分担心这个还在孩提时代的三女儿，可是父亲不这么想，他一向教育孩子们要在艰苦环境中磨炼自己，这次留学或许是个好机会，小美龄很可能从中受益匪浅。于是，在父亲的支持下，美龄乐滋滋地跟着庆龄出国了。在船上，美龄兴致勃勃地唱着歌儿，对未来的生活充满了向往。这时候，她的理想是长大后做一个大夫，因为她觉得，一直穿着白大褂的大夫是世界上最干净的人，小美龄可是最怕脏、乱、闹的。

姊妹俩先在彼得温小姐的学校补习，庆龄通过补习后考取了霭龄所在的威斯里安女子学校，美龄则和小伙伴一起进了皮德蒙特学校读书。庆龄和霭龄商量，把美龄安排在霭龄一个同学的母亲莫斯夫人家中居住，每逢礼拜天，庆龄和霭龄就会带着水果看望美龄，姊妹三个其乐融融。

美龄在皮德蒙特学校的日子过得十分惬意，与学校里的许多同龄的小姑娘十分要好，毫无异乡的陌生之感。大家都喜欢大嚼老亨特商店里5分钱一块的巧克力，说着女孩子间的悄悄话，嘻嘻哈哈地笑成一团。

大概由于年龄小，美龄对美国毫无异乡的陌生感，她的语言进步得很快，不久就能说一口流利的带着南方口音的美式英语，并且和小伙伴毫无交流上的困难。

圣诞节的前几天，美龄决定发扬基督爱己及人的精神，拿出一些钱帮助村里的穷人。小伙伴们很赞同这个想法，她们每人凑了25

※ 身着传统的印度民族服装，宋美龄的美艳和风情难以抵挡。

※ 如一朵盛开的夜来香，散发着弥久的芬芳……

美分，兴高采烈地跑到老亨特的杂货店准备采购。可是究竟买什么最实惠呢？几个小女孩眼巴巴地望着琳琅满目的商品，唧唧喳喳地争论着，老亨特先生竖着耳朵听了一会儿，忍不住笑了，他送给小姑娘们许多土豆、肉类什么的，让她们也带去自己的一点儿心意。美龄她们蹦蹦跳跳地来到了穷人住的地方，却被眼前的荒凉景象吓了一跳，女孩儿们赶紧放下怀里的东西撒腿跑了。

12岁的时候，威斯里安女子学院破格允许美龄入校读书，能和姐姐相聚。美龄当然很高兴。当时，和美龄最要好的却是学院院长的女儿埃洛伊西。埃洛伊西虽然不像美龄一样体格健美，却和美龄一样活泼好动，两个人时常闹成一团，整个校园里洒满了她们银铃般的笑声。院长的一篇文章里回忆了两个小伙伴在一起的情形：

> 美龄从到这儿来的第一天起，同我们相处就一点也不拘束，她的空闲时间基本上都是和埃洛伊西在一起。有一次，她们两人吵了一架，都撅着嘴，美龄板着脸，很不高兴。按说她们已经重新和好了，但美龄还撅着嘴。埃洛伊西非常害怕朋友的感情受到伤害，我决定向美龄谈谈宽宏大度的美德。我问她是否对自己的狭隘心肠感到羞耻。但是，美龄眨了眨眼睛，脱口回答说：“不，安斯沃夫夫人，我倒是挺喜欢这样。”

看来，美龄在与人相处时的超凡亲和力和支配力在童年时就已经崭露头角，而她的刁蛮任性也是如此可爱，无怪乎后来倾倒众生。

不久，更好的娱乐被美龄发觉了。学院里新来了两个和美龄年龄相仿的女孩子，三个人就编成了非正式的班级。美龄的卓越支配力又发挥了作用，两个女孩很快成了她的追随者。在美龄的号召下，她们成立了自己的组织，名为“三个小家伙”，并且制定了自己的口令、暗号和规章。除此之外，三个小家伙还办了份报纸，分别担任文字编辑、美工和记者，报纸上刊登着诸如“多萝西·迪尔是全校最聪明的姑娘”、“校园里所有的姑娘都没有帕蒂·布朗长得美”之类的趣闻，每份卖5美分。很快，小姑娘们都靠卖自己的报纸有了一笔小小的收入。更让她们高兴的是，一所大学听说了这份独特的报纸后居然写信索要一份，以便保留这份由美国最年轻的报纸人发行的报纸。小美龄发现来信中并没有附寄买报纸的5美分，于是煞有介事地回信要求对方寄来。很快，她们收到了买报纸的钱，于是便把报纸邮寄了过去，可是，小美龄却没有发现，一来一回两封信的邮资就有4美分呢。

※ 脱去洋装，换上旗袍的宋美龄，多的是几分柔媚，几分柔情……

有一年，美龄的照顾者庆龄学成回国了，美龄转学到马萨诸塞州的韦尔斯利女子大学，以便靠近哥哥宋子文所在的哈佛大学，由哥哥来照顾她。在这里，美龄遇到了后来的恋人刘纪文。

刘纪文是个英俊潇洒的青年，也是宋子文的好朋友，遇到正值花季的宋美龄，马上被她的美貌倾倒不已，很快展开了热烈的追求。

这天，刘纪文找到子文兄妹，说自己准备出一本摄影专辑，专拍风景照片，并强烈要求美龄和自己一起创作，同样喜爱摄影的美龄一口就答应了。这年的暑假，也是美龄在美国的最后一个假期，她鼓起勇气给刘纪文打了电话："是刘纪文先生吗？明天就要度暑假了，我想利用这十几天的假期出去旅游。我们一起结伴而行，好不好呀？"接到电话的刘纪文激动得声音都变调了，忙不迭地答应了。

炎热的暑假，两人一身运动打扮，游览了美国的许多美丽景点。刘纪文不时按下快门，将宋美龄镶嵌在一幅幅天然画图中，佳人美景，浑然天成，美龄的眼神流动缥缈，刘纪文如痴如醉，爱情的种子悄悄地在这一对年轻人心中萌发。

然而，美龄心中除了爱情的甜蜜，还有些许疑惑。在她看来，爱情应该是伟大的，壮丽的，轰轰烈烈的；自己的爱人，也应该是一个无所不能的大英雄，然而，刘纪文只是一介书生，虽然帅气，也只不过是书生，这份爱情也没有期待中勇敢的骑士和美丽公主之间的无数磨难。难道这就是自己憧憬的爱情？

旅行归来，刘纪文精选了几幅照片发表在《明星报》上，一时间，所有人都知道了照片中那个倾国倾城的女孩子叫宋美龄。追求者蜂拥而至，无数封求爱信通过杂志社送到了美龄手里，刘纪文又气又急，马上冲过去请求美龄和自己结婚或者订婚。

美龄一听这话就板起了脸，她根本不想约束自己，再说，虽然她爱刘纪文，但刘纪文毕竟不能让她十分满意。两人不欢而散。

时隔不久，传来了二姐庆龄违背家庭意愿嫁给孙中山的消息，宋耀如又伤心又愤怒地写信给美龄诉苦，美龄看完信却陷入了沉思。作为受过西方教育的现代女子，美龄反对包办婚姻，可是，作为孝顺的女儿，美龄又不想违背父亲。不过，自己马上就要回国了，如果回去后父亲非要给自己找一个自己不爱的人，那可怎么办

※ 在威斯里安女子学校读书时与同学的合影，宋美龄在照片中若有所思。前排左二为宋美龄。

呢？美龄想来想去，最后决定和刘纪文订婚，这样，才能保护自己不会成为包办婚姻的牺牲品，同时又不使自己受过多约束。宋子文听到这想法后大力支持，刘纪文一听到消息后飞也似的跑过来，紧紧地抓住美龄的手，激动万分，但是，当他询问什么时候可以结婚时，美龄却久久不语。

不久，美龄结束了五年的留学生涯，启程回国。她的美国的同学评论她的时候说，她在学习上并不十分用功，而是凭着聪明和天赋才取得了优异的成绩。

※ 原本亲密无间的三姐妹，却因各自不同的人生观和价值观而走上了不同的人生之路，并因此引发了许多的矛盾和冲突。

※ 1917年，宋美龄大学毕业时，着学士服与威斯里安T.Z.E.姊妹会会友合影。站在人群中的她还不是那么的引人注目。右边最后一排箭头所指为宋美龄。

之子于归，宜其室家

初回国内的美龄并不是很适应，种种落后的情形和未曾开发的民智都让美龄觉得烦躁，她忍不住向父亲宋耀如埋怨这一切。宋耀如对女儿的话感到震惊，也感到痛心，然而，女儿已经成人，有自己的思想和独立性，父亲也只能苦口婆心地规劝她不能用一个美国人的眼光来指责祖国的现状。后来他半真半假地对朋友说："不要送你的孩子出国，不然他们回国后会觉得国内落后至极，极力想改变一切。"

美龄喜欢穿西式服装，即使回国后穿旗袍，她也会巧用心思进行改造，将普通的直筒旗袍剪裁得十分合体，出现在公共场合也十分引人注目。同时，美龄还是第一个在公共场合穿着短上衣和便裤的女子，新颖的打扮和秀丽的容貌，宋家三小姐一时间成为最受瞩目的人。

美龄的外表虽然十分的女性化，行为却十分大气，对政治活动也很是热心。在上海她一直致力于公益事业，热心各种社交活动，也时时在父亲面前直言自己的政治见解，使宋耀如惊诧的是花朵似的女儿主张的居然是强权政治，她认为：现在民心涣散各行其是，必须有铁腕人物出来实行强权政治！要有强大的政党，党员必须绝对服从领袖，才能凝集社会精英；要组织强大的军队保证强权政治的顺利实施；更要有强大财力来支持政治活动。可以看出，这些想法有许多和蒋介石的想法不谋而合，或许这也是促成两人后来结合的一个因素吧。不过，一向主张民主思想的宋耀如对女儿的见解自然不能赞同，他觉得“三女儿是个比男子汉还要有胆有识的杰出女性，但也令人恐惧和不安”。

转眼间，美龄已经年过20，按当时的标准来说，已经是老姑娘了。未婚夫刘纪文梦想着有朝一日成为她真真正正的丈夫；父亲宋耀如也为她张罗着相亲；无数年轻子弟也梦想着得到美丽的宋家三小姐的垂青。但是，美龄心中有数，暂时，她还不想结婚，因为她还未遇到梦中的英雄。不过，这“英雄”马上就要出现了。

1922年，在上海孙中山寓所，蒋介石初遇宋美龄。当时蒋介石不仅有在家乡的结发妻子毛福梅，还迎娶了妾室姚冶诚和陈洁如。尤其是陈洁如，不仅年轻貌美，而且中、英文俱佳，在社交场上也应付自如，当年蒋介石为了追求她也曾以切掉手指来表明心迹，可谓颇费心机。然而，即使是新婚不到一年的陈洁如，在光芒四射的宋美龄面前也黯然失色，蒋介石对宋美龄一见倾心，很快展开了轰轰烈烈的追求行动。

其实，蒋介石之所以追求美龄，除了为她的美貌倾倒，美龄那广泛的社交能力，宋家的庞大财产，更重要的是，美龄是孙中山的小姨子，如果和孙中山成为连襟，取得孙中山的信任，还用担心自己的政治前途吗？《大公报》的创始人之一胡霖对蒋介石向宋美龄求婚的举动做过精辟的分析：

“蒋介石再婚是一个深谋远虑的政治行动。他希望做他们的妹夫，以便争取孙中山夫人和宋子文。当时蒋介石也开始想到有必要得到西方的支持。以宋美龄做他的夫人，他便有了同西方人打交道

※ 那时的宋美龄，刚从美国留学归来，以她那过人的才华和洋化的作派，在十里洋场成了风云人物，同时引起了蒋介石的追慕与爱恋。

※ 慧心如兰，墨洒清词书雅兴。图为宋美龄画作。

的‘嘴巴和耳朵’。另外，他很看重宋子文这个金融专家。不过说蒋介石不爱宋美龄那是不公正的。蒋介石显然认为自己是英雄，在中国历史上，英雄难过美人关。”

蒋介石下定了决心，很快向孙中山表明了自己的心迹：“我已无妻室，请问先生，宋小姐能受您劝说与我结婚吗？”孙中山并非对蒋介石的风流韵事一无所知，他含糊地回答：“等等吧。”果然，当孙中山将这事告诉宋庆龄时，庆龄愤怒地说：“我宁可看到美龄死，也不愿看到她嫁给那个自称没有妻室的人！”很显然，庆龄十分清楚蒋介石的风流史。

蒋介石找的第二个人是宋子文，不过，他仍然找错了人。宋子文一来了解蒋介石的为人，二来和刘纪文是好友，怎么可能去帮他。不过，蒋介石并不灰心，第三次，他找的是宋霭龄，事实证明，他这一步走得十分英明，宋霭龄果然帮他达成了愿望。

霭龄是宋家最精明的一个。霭龄精确地计算出，在孙中山去世后，这个一直在中国政坛上翻云覆雨的军人绝非等闲之辈。如今，

※ 宋美龄的出现，不仅让蒋介石赢得美人归，同时他的政治生涯也有了得力的助手，蒋介石自是春风得意。

中国情形难以预料，宋家虽然有自己的一方势力，可是如果没有靠山，未来依旧难以预料。现在看来蒋介石虽然未必从混战中胜出，但是，如果有了宋家的支持，他胜算就大得多了，如此一来，宋家大有政治前途，美龄也成了举足轻重的人物，一举几得，何乐而不为呢？

霭龄很快说服了子文，孔祥熙一向对妻子言听计从，自然没有不支持的道理，剩下的，就是说服美龄了。

这天，美龄和刘纪文看完了电影，漫步朝霭龄家走来。要说此时美龄并没注意蒋介石，那是假的，这个人很可能让她当上中国的“第一夫人”呢；但是，美龄和刘纪文毕竟已相爱多年，感情很深，再说，已届中年的蒋介石怎么比得过英俊潇洒的刘纪文呢？认识蒋介石后，美龄一直脚踏两只船，拿不定嫁人的主意。今天大姐霭龄要美龄来一趟，说有要事，美龄拉着刘纪文一起来了，可是霭龄寒暄几句后却把刘纪文留在客厅，只拉着美龄谈事去了。

一进卧室，霭龄开门见山说出蒋介石正式提亲的事，美龄急了：“大姐，你是我的大姐，你能看着我跟40多岁的人结婚？我才30岁呀！谁都知道姓蒋的作风不正、害杨梅疮弄得发脱齿落，我，我……”美龄急得哭了。

霭龄却并没有被眼泪搅得心慌意乱，她看着满脸是泪的妹妹，笑妹妹的幼稚，哪一桩婚姻纯粹是为了爱情呢？她用生意人的精明分析其中利弊：“姓蒋的乱找女人，那是过去的事了，只要他以后不乱来就行了。你别看刘纪文有钱，今后姓蒋的找钱比呼吸空气还容易！何况你今后是中国的第一夫人!无论名誉、地位、财产，都比刘纪文强多了！你真傻，肥肉到嘴边你还推开！告诉你吧，要不是我已经同你姐夫结婚，我非抓住这个姓蒋的不可！”

听了这一番话，美龄沉默了，泪也不流了。第一夫人是很诱

※ 蒋介石为了博得芳心，不辞劳苦地奔波于此，求助于彼。

※ 年轻时的蒋介石和宋美龄还未见多年后的相亲相契。

人，二姐庆龄已经是第一夫人，小妹怎么就不能做？再说，蒋介石虽然是个当兵的，可也算的上仪表堂堂，又是黄埔军校的校长，叫他“英雄”也不为过，自己不就是要嫁给英雄吗？更何况他对自己一直穷追不舍，看起来十分多情，只是有一点，蒋介石的病怎么办？

霭龄一看她有些松口，马上加紧攻势：“万一你生了病，我陪你到纽约找医生，怕什么，姓蒋的不会要儿子，你也已经在纽约扎起了输卵管，不必担心生儿子有先天梅毒，这个问题怕什么！”

“姓蒋的已经有了三个老婆，而且到处玩女人，”美龄撇撇嘴，“我再嫁给他，不……”

霭龄马上保证让蒋介石离婚，正式迎娶美龄。美龄毕竟没有大姐的心计，害怕蒋介石今后干涉自己的行动，霭龄轻蔑地一笑，谁不知道宋家和美国的关系，蒋介石现在满心渴望着取得美国的援助，今后只有蒋介石离不开宋家的份儿，还怕他干涉美龄的行动吗？

所有的问题都解决了，美龄似乎已经决定结婚了，但是，又不无担心地问了一句：“大姐，纪文怎么办呢？他要是知道我变了心，他会自杀的！”她想起了刘纪文说过的话：“我诚心诚意地爱你，如果你跟旁人结婚，我就死在你面前！”

熟谙世事的霭龄哈哈大笑，她太了解男人了，刘纪文不会寻死的。

心情凝重的美龄走出霭龄的房间时，刘纪文已经等得不耐烦了，他嗔怪地看了她一眼。两人并肩走出大门，外面已经是漫天星斗，入夜的雾气悄悄迷漫，两人间的沉默在美龄清脆的高跟鞋声中越发显得沉闷。刘纪文忍不住了，美龄一定有什么心事，他直觉地想到了自己爱情的前途。

果然，当刘纪文问起时，美龄抽泣起来，这些眼泪是真心的，对刘纪文，美龄有着许多不舍和留恋。刘纪文猜到了，带着怒气问：“是不是你大姐又给你介绍了一个？”美龄含着泪点了点头。

刘纪文也不是傻瓜，蒋介石对美龄的追求，他早就知道：“世上没有不透风的墙！早几天，蒋介石还在日本时，就有人放风。我只不过听了没当回事。我也相信你不会这么做的。”刘纪文说出这样的话来安慰自己，几年刻骨铭心的感情，他不相信美龄会轻易地

※那时的他们或许还未料到，宋美龄的出现，使他们一个成为情感的胜者，一个沦为情感的败者。图为刘纪文和蒋介石合影。

※ 一样的端庄典雅，一样的才智超凡，却因不同的政治见解，使这场血脉相连的聚会少了几许温情与欢欣……

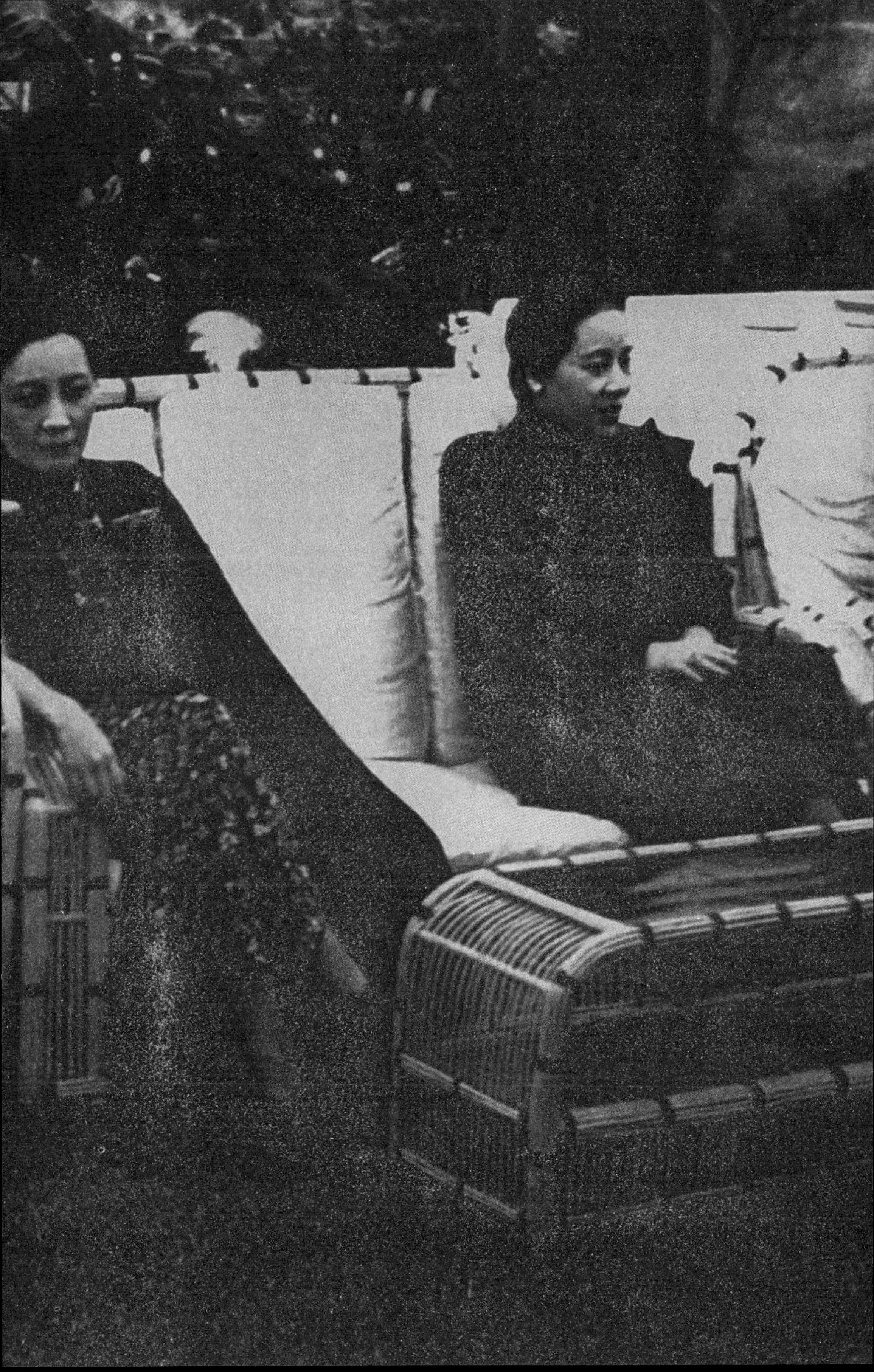

放弃。

美龄又抽泣起来。她实在不知道如何向刘纪文说出一切。

刘纪文越发急了，他要秘密结婚，先斩后奏，美龄赶紧截住了话头："我要是依了你，那老蒋心狠手辣，他会整死你的！你还不知道，今后这天下是他姓蒋的天下，胳膊拧不过大腿呀！"

刘纪文噎住了，是啊，自己一介书生，斗得过那个手握重兵的流氓吗？

良久，他从牙缝里挤出几个字："实在不行，我们就分手吧！"话刚出口，泪流满面。美龄哭得更厉害了，漫漫长夜，两人相拥在泪水中度过……

不过，流过泪之后，刘纪文清醒了，他不能就这么白白放弃，他要求给自己补偿。美龄许诺蒋介石婚后不干涉两人的来往，刘纪文要求蒋介石任命自己为南京市市长或是给自己100万现金作为赔偿，美龄代蒋介石答应了。

看小妹这么顺利便解决了刘纪文，霭龄高兴极了，她马上通知了蒋介石的媒人张静江，接着霭龄在记者面前宣布："蒋将军将同我的小妹结婚。"消息传开，远在莫斯科的宋庆龄伤心地落泪了，她想不到，自己离国未久，心爱的小妹就同这个风流成性的兵痞结婚了！

美龄在解决刘纪文时，蒋介石也没闲着，他也有许多风流事要了结，首当其冲的就是陈洁如。为了让昔日的爱侣尽快离开，蒋介石亲自出马，说服陈洁如母女，劝说陈洁如出国求学。陈洁如无计可施，只好含泪赴美。

姚冶诚和蒋同居不久就因性情不投而遭遗弃，此时蒋介石宣布和她脱离关系，并将她移居苏州，由自己负担生活费用，姚冶诚没提出异议。

剩下的就是原配毛福梅了。

※ 一向善于谋划的宋霭龄为宋美龄划定终身，可面对相恋已久的刘纪文，宋美龄还是恋恋不舍。心有所属，此情便似红笺无色。

※ 被宋美龄深深吸引的蒋介石穷追不舍。为一博芳心，蒋介石毅然抛妻弃子。

※ 1921年12月5日，蒋介石和陈洁如在上海永安大楼大东旅馆结婚。陈洁如年轻貌美、才华横溢，但在宋美龄面前黯然失色。

毛福梅是蒋介石母亲王采玉亲自做主为他娶的妻子，而且两人生下了蒋经国。蒋介石和毛福梅虽然并无感情，但是，母亲在世时蒋并不敢怠慢毛。如今，母亲已经去世，蒋介石自然毫无顾忌。他亲自回家乡溪口逼迫毛福梅离婚，遭到了毛家和蒋家族人的一致反对，最后，两方达成协议，毛福梅离婚不离家，依然是蒋家大宅的主持者，蒋经国依然是正宗嫡嗣，记在毛福梅名下。

最后的手续是，拜见未来的岳母倪桂珍。倪桂珍起初是非常反对美龄和他的婚事的，但是，蒋介石在这次见面中表现得谦恭有礼，而且表示婚后将皈依基督。笃信基督教的倪桂珍料到无法挽回此事，又见蒋态度诚恳，终于同意了。

1927年12月1日，美龄和蒋介石的婚礼在上海隆重举行。倪桂珍希望美龄能够在宋耀如的教堂举行，可是牧师调查后认为，蒋介石的离婚是没有法律依据的，不符合“圣节”，于是拒绝为他主持婚礼。最后，宋家只能请来基督教青年会全国协助会总干事余日章主持婚礼，此人虽然是个虔诚的基督徒，却并非正式的牧师。

婚礼上，蒋介石穿着条纹裤子、尖鞋、燕尾服，打着银色领带，脑袋剃得光亮，不时满脸笑容地向来宾致意，美龄则由哥哥子文带进场，她穿着白色长裙礼服，披着白色乔其纱，银白色的皮鞋小巧玲珑，整个人就如同一只刚出水的白天鹅，引起来宾的阵阵赞叹，蒋介石笑得越发开心了……

莫干山寺院的清晨是静谧而又美丽的，尤其是梅花盛开的季节。白云在山腰萦绕徘徊，似乎也为这场曼妙的风景而沉醉，无数粉白鲜红的梅花瓣在云雾中或隐或现，时时有不怕寒冷的鸟儿婉转啼鸣，一声声清脆入耳——新婚的甜蜜在如诗如画的山中古寺里显得越发耐人寻味了。美龄的浅笑中充满了新娘的妩媚，就连蒋介石也时时为妻子的美貌

※ 蒋介石的结发之妻——毛福梅。在权势与青春面前，她成了牺牲品。

而惊叹，在外人看来，美龄的婚姻似乎美满得令人陶醉。

嗅着若有若无的梅花清香，美龄想起了蒋介石写给自己的一封情书：

> 余今无意政治活动，惟念生平倾慕之人，厥惟女士。前在粤时，曾使人向令兄姐处示意，均未得要领，当时或因政治关系，顾余今退而为山野之人矣，举世所弃，万念灰绝，曩日之百对战疆，叱咤自喜，迨今思之，所谓功业宛如幻梦。独对女士才华荣德，恋恋终不能忘，但不知此举世所弃之下野武人，女士视之，谓如何耳？

这是蒋介石8月份下野的时候写给美龄的，真可谓情深意切。想到这里美龄无声地笑了，眼睛里都是甜蜜，虽然夫婿下野，看起来已不是炙手可热的人物，让新婚的气氛里多少有点遗憾，可是他对自己的这份情意，可真是难得啊！

一阵稳健的脚步声传入耳中，美龄知道，是蒋介石来了。果然，蒋介石的欢乐的声音很快打破了山中的寂静："Darling，快收拾行李，我们要立即回上海。"

美龄略微有点惊愕，怎么，蜜月的第一天刚刚开始，就要离开这美丽的地方了吗？她禁不住略带责备地说："回去？Darling，今天可是我们新婚后的第一天啊。"

看到美龄眼中的不满意，蒋介石觉得自己更幸福了，他明白，自己马上就能让妻子强烈的不满被甜蜜的幸福取代。压抑着声音里的兴奋，蒋介石一边收拾文件，一边轻声说："Darling，我要让你很快当上第一夫人了，你懂吗？"

"真的？他们要请你出山？"美龄的眼睛一下子就亮了，果然是功夫不负有心人啊，中国的政坛，果然离不开自己嫁的这个"英雄"呢！

"对了，亲爱的夫人，我的政敌们要请我复职了！"蒋介石的每根神经都浸透着笑意。

“Darling！太好了！”此时的美龄也不知道该说什么了，幸福来得太快，除了欣喜，还能有什么感觉呢？……

新婚的第九天，蒋介石恢复了总司令的职务，接着被选为中央执行委员会主席，即委员长。1928年10月10日，蒋介石在南京成立了国民政府，宋美龄成了名正言顺的“第一夫人”，“非英雄不嫁”的誓言终于实现了。

休言女子非英物

婚后的美龄日子过得相当顺心，她那美丽的脸上常常流露出一个幸福女人才有的甜蜜笑容。不过，对美龄来说，幸福绝不仅仅限于嫁了一个有权有势呼风唤雨的丈夫，更重要的是，自己要有自己的事业，要抓住属于自己的权力。美龄是一个热爱权力的女人。在美龄看来，“第一夫人”决不能仅仅是一个好听的头衔，“第一夫人”要成为宋美龄所代表的一切。美龄积极活动在政界、军界，扮演着越来越重要的角色。

美龄到南京不久就着手建立国民革命军遗族学校，搜罗南京政府那些已经牺牲的军人的后代，为他们提供良好的教育，为将来成为有用之才打基础。接着美龄又筹办了军官励志社，举办文艺活动、演讲和学习会，以期在军队中形成一种积极向上的良好风气。不久，励志社收到了良好效果，军中也有了美龄的支持者，许多励志社的负责人都成为“夫人党”的重要成员。

不仅如此，在蒋介石的政治生活中，美龄也开始发挥独特的作用。

中原大战时，冯玉祥和蒋介石对抗，为了彻底打倒冯玉祥，蒋

※ 全身依于手杖，纵杖坚硬亦不堪重负，是否预见了那脆弱的、不堪一击的政权？

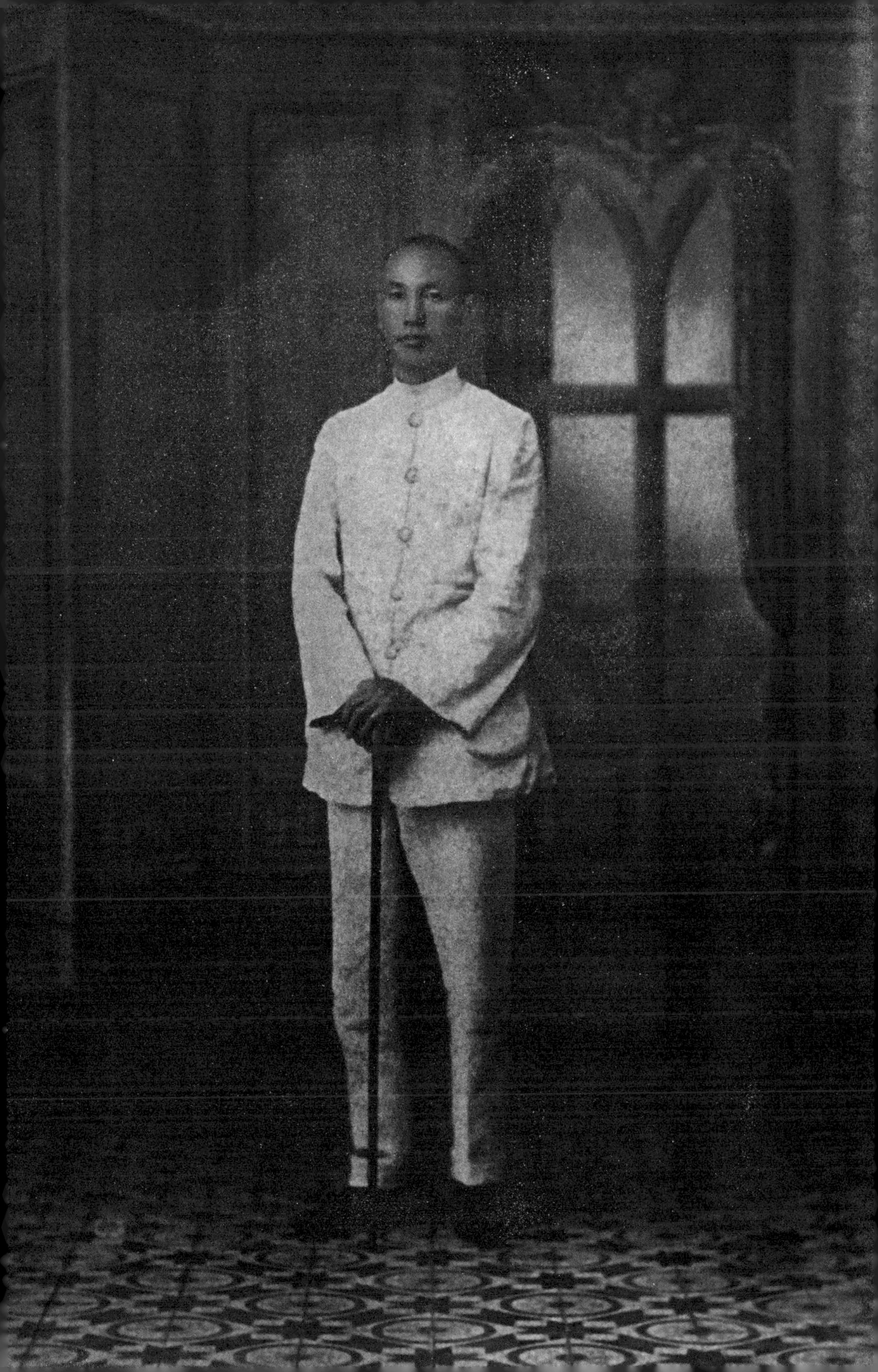

※ 蒋介石终于抱得美人归，自然喜不自胜。可那时的宋美龄竟还有一丝羞涩悬挂于脸庞。图为蒋介石与宋美龄婚后出游。

※轻抬手，放在你的肩，那是对爱妻的深切眷恋。图为（前排左起）宋美龄、倪桂珍、宋霭龄、（后排左起）蒋介石、孔祥熙。

※蒋介石与宋美龄的婚姻联系起了金钱、政治与权力，当然或许还有爱情。

※ 抬手驻足，张扬在嘴角的微笑，当爱情与权势同期而到，幸福的表情又如何阻挠。

介石意图拉拢冯的骨干韩复榘。韩复榘是冯玉祥一手提拔的，恩同再造，自然不易说服，可是，善于社交的美龄一出场，韩就被软化了。原来，美龄先是把韩复榘宠爱的二夫人纪甘青请到上海，陪吃陪玩还送支票，并且为她在上海购置别墅，打动了纪甘青。枕头小风一吹，韩复榘自然有点心动。接着，美龄听说韩带着军队到了郑州，就亲自出马到郑州为他洗尘，“常胜将军”长、“常胜将军”短地叫着，出身戎马的韩复榘何曾受到如此礼遇？又何曾见过像美龄一样高贵优雅的女士？韩复榘很快就昏了头，暗地和蒋介石走到了一起，背叛了冯玉祥。

为了加强国民党的战斗力，美龄参与了中国空军的建设，并出任航空委员会秘书长。在此期间，美龄表现出强大的活动力，她亲自筹集资金购进了大量美式战斗机，并聘请了美国技师，整编了现有的空军，并从黄埔军校挑选优秀学生培训成新一代空军骨干，国民党的战斗力因此大为增强，美龄也因此被誉为“中国空军之母”。

第一夫人风光无限，但美龄的生活也要遭遇种种险情。1931年第三次“剿共”失败后，蒋介石十分丧气，美龄就亲自赶赴南昌为他助威，结果晚间行车造成车祸，与她同行的侍从官摔伤了腿，肋骨也折了三根，美龄却奇迹般地毫发无损。

最危险的一次是石友三叛变的时候，那天正是12月1日，美龄和蒋介石的结婚纪念日。凌晨3点多接到的紧急报告，石友三叛变，带着军队从江北打过来。此时蒋介石已无路可退，而大姐霭龄一早也来看望美龄，同时被困。霭龄拒绝单独撤退，和妹妹共对强敌，姐妹俩给上海的母亲倪桂珍打了电话：“姆妈，将要发生一件非常糟糕的事，我现在不能向你诉说实情，但我和美龄希望您能为我们祈祷。”两小时后，母亲发来电报，引用《圣经》的话：“敌人将主动撤退。”

※ 风雨中的红玫瑰，多的是锐利，多的是坚定，但历经风雨磨难而风韵犹存。

奇妙的是，石友三真的撤军了，原来他误以为蒋介石早有准备，生怕打不过蒋介石，于是放弃了攻打计划。美龄有惊无险。

美龄新婚时，还没有奠定自己的政治地位，当时，她曾经因不愿意向青帮交纳“保护费”而被青帮头目杜月笙软禁，成为她的奇耻大辱。如今她的脚跟已经站稳，不需要怕杜月笙那个流氓头子了。二姐庆龄一再抨击蒋介石的罪恶行径和青帮的罪孽，杜月笙恼羞成怒，企图面见蒋介石商量暗杀庆龄，美龄知道后摆出第一夫人的威势，强行阻止杜月笙的求见，并且毫不客气地将他赶出了家门，杜月笙咬牙切齿却无可奈何。

虽然有美龄的保护，庆龄还是无法幸免。不久后遭遇了杜月笙精心策划的“车祸”。这一次，美龄怒气冲冲地找蒋介石兴师问罪。当时蒋介石正在开会，布置“剿共”事宜，美龄一头闯了进来，毫不客气地把他叫了出去，质问此事的前因后果。蒋介石一再否认，感觉敏锐的美龄越发觉得有鬼，丝毫不肯让步，弄得老蒋差点下不来台，最后还是孔祥熙做和事佬才暂且罢休。从此以后，美龄运用自己的政治特权，无微不至地保护二姐庆龄，她给了庆龄一个秘密号码，每当有特务来找茬时，庆龄就拨打这个号码，电话的另一头美龄就出面，以第一夫人的身份做蒋介石的代言人，一次又一次地为庆龄解围。

1936年12月12日，新一轮的“剿共”战役即将打响，蒋介石站在西安华清池他的专用卧室前凝视晨光，忽然，四辆军用卡车停在门前，120个全副武装的军人从车上跳下，冲进了蒋公馆，开始射击——西安事变爆发了！张学良、杨虎城兵谏了！

战斗很快结束，士兵们在岩洞里抓到了瑟缩不安的蒋介石。面对张学良的“停止内战、一致抗日”的劝谏，软禁中的蒋介石暴跳如雷，以绝食相抗。

消息传到南京政府，犹如晴天霹雳，美龄惊呆了。连年战争，众多野心家都想称王称霸，此时，正是大好时机。野心家何应钦主

※ 出现在正式场合的宋美龄总是佩戴着中国空军金质徽章，那是她为抗战作贡献的象征。

张轰炸西安，这样一来，救出蒋介石他就是功臣，救不出蒋介石他就能掌权；正直的冯玉祥极力反对。美龄在中央临时常务会上号啕大哭，赢得了大多数人的同情，接着义正词严地训斥了何应钦，宣布自己将亲自飞往西安谈判，营救委员长，众人目瞪口呆——在这局势未明的时候去西安，无异于送死啊！

※ 走下飞机的宋美龄泪眼婆娑，哥哥宋子文立即伸手搀扶。

对付完朝中那帮各怀鬼胎的“大臣”，美龄接下来要争取的便是自己的家人。哥哥子文一向疼爱自己，应该会支持她的，大姐霭龄也不会作梗，剩下的就要看政见不合又讨厌蒋介石的庆龄持什么态度了。使她喜出望外的是，庆龄本着民族利益为重的思想，爽快地答应了营救蒋介石，并且准备亲自去西安，劝说张学良释放蒋介石，并答应在蒋介石和共产党之间斡旋，争取早日达成一致决议，美龄感激涕零。虽然后来由于南京政府的阻挠，庆龄没有去成西安，然而，最危难的时候二姐给予的帮助，美龄一直铭记在心，而极具影响力的庆龄支持救蒋，顿时让局面好转了不少。

很快，美龄的特使美国人端纳飞到了西安，接着是宋子文，他带来了美龄的亲笔信：“如果子文三日内不回京，则必来与君共生死。”蒋介石哭了，夫妻的情分在危急关头表露无遗，他心疼一向养尊处优的妻子，于是反复叮嘱子文不要让美龄亲身涉险。

不过，美龄心系丈夫的安危，她还是来了。

22日凌晨，三架“福克”式飞机降落在西安机场，机舱中走出了神采奕奕的第一夫人宋美龄。她

※ 张学良，为了民族存亡大义发动了震惊中外的“西安事变”。

※ 在十分紧迫的形势下，宋美龄微笑示人，显示了她临危不变的坚强、勇敢和大家风范。

身穿黑色貂皮大衣，美丽的黑眼睛在晨光中光芒四射，高跟鞋随着优雅的脚步发出清脆悦耳的声音。机场上站着一队队神情威严的官兵，美龄微笑着挥手致意，没有流露丝毫的惧意。在她的随身行李中，还装着一副假牙，那是心细的美龄为蒋介石准备的，因为蒋介石

※ 西安事变时，宋美龄和端纳一同到达西安。

惯用的那副在骊山狼狈逃命之际丢失了。

这天，蒋介石早起阅读《圣经》时，看到了这样几句话：“……耶和华，将由一位妇人之手显示奇迹。”“耶和华今将有所作为，将由女子护卫男子。”蒋介石心中一动，他仔细整理了自己的衣着，因为他一直记得美龄是最注重礼节，绝不允许自己蓬头垢

※ 杨虎城，西安事变的发动者之一。西安事变和平解决后，蒋介石背信弃义，将其囚禁，之后秘密杀害。图为杨虎城全家。

面的见美龄——下午，宋美龄出现在他的面前。

美龄见到蒋介石的第一眼，心中紧绷的那根弦就松弛了下来——看样子Darling没吃苦。她不露声色地用轻快的口吻对在场的人说："他气色还好，他的安全千真万确。伤在哪里？给我瞧!"

外人在场，蒋介石满腹心事不能出口，他望了妻子一眼，淡淡地说："还好，回去再找医生吧。"

"哦"，美龄皱了皱眉头，"没有医生替你看伤？"

张学良马上解释每天都有医生为蒋介石检查、换药，美龄这才有了笑意。

此时的局面十分微妙，敌我双方直接碰面了，美龄最善于缓和男人们之间紧张气氛，只见她大大方方地落座，犹如主妇一般指点众人的行动，很快，场面缓和下来，蒋介石低声对妻子说："你来干什么？这里很危险，不是个太平地方。"

"危险？"美龄故作轻松地耸耸肩膀，摊开两只手，"你不是更危险吗？可是并没有少一条胳膊。"

屋子里响起了一阵低低的笑声，每个人的神经都放松了。

美龄又扭过头对蒋介石说："我这次来，你没想到吧？"

"我早知道了。"蒋介石神秘地微笑。

"哦？"

"今天早上做早祷，在耶里米亚第三十一章说得明白，耶和华将由一位妇人之手显示奇迹。"蒋介石的眼光神秘莫测。

在座之人一片赞叹。

美龄瞟了哥哥子文一眼，娇嗔地说："瞧，人家说他道行不深，今天你可亲耳听见的，他的确已经悟到了。"

这时，美龄将一个小小的东西放在了蒋介石手里，蒋介石做出摸脸的动作，将手举到嘴边，很快，他把脸对着客人，露齿而笑。这是他十几天来第一次微笑，因为刚刚美龄给他带来了新的假牙。

接着便是似乎永无休止的谈判，香槟酒一杯杯地喝着，巨额款项一个个地转账，国民党内部慢慢达成了妥协。在周恩来的斡旋下，以杨虎城为代表的当地势力也同意释放蒋介石。在此期间，美龄一边安抚蒋介石，一边周旋于各个势力之间，努力争取有利于自己的局势，蒋介石也越来越佩服这个日益成熟的夫人。

屋里的炭火越来越热，蒋介石有点心神不宁地踱来踱去，考虑着近来开出的一张张支票，许下的一个个诺言，他知道，钱可以再弄回来，诺言也不过是个形式，虽是可以拒绝履行，不过，栽了这么个大跟头，自己的脸往哪儿搁呢？美龄则在准备新闻稿，打字机噼里啪啦地响着。

忽然，蒋介石气哼哼地站住了："Darling！现在有一件极重要的事要和你商量。张学良这小子胆大包天，把我弄成这个样子，这口气实在难以下咽。如果他把我杀了，那当然什么都不用提了，但现在我还活着，而且马上就要回到南京，问题就来了，我的、你的、我们大家的面子都给他掷到什么地方去了！"

"我有办法叫他跟你回南京。"美龄信心十足地说。言下之意，到了南京后张学良自然任由蒋介石处置。

蒋介石眼睛一亮。

不久，宋家兄妹在张学良和杨虎城面前信誓旦旦，要张学良跟随蒋介石回到南京以表诚意，并保证蒋介石会严格履行诺言，为了使东北军安心，美龄一再担保张学良的安全。

25日下午，蒋介石和宋美龄乘专机飞回南京，同行的，有不顾东北军、西北军将士反对执意信任蒋介石的少帅张学良。飞机穿越云层，蒋介石长长地舒了一口气，哈哈地笑了起来，美龄兴高采烈地说："我们不耽误回南京过新年哩！"

这次政治挫折后，蒋介石曾对嫡系官员说，是夫人救了他的命，他没有和夫人白做夫妻。事实上，他从此事受益匪浅，宋美龄一直在各种场合将他说成历尽磨难归来的英雄，而崇尚英雄的美国人也将他看做大难不死的典型，蒋介石夫妇一时成为最受瞩目的国际人物。1938年第一期《时代》杂志的封面上印着蒋介石夫妇，标题是"新闻人物伉俪"，美国外交官约翰·佩顿·戴维斯也对美龄

※ 在宋美龄的影响下，蒋介石也开始信奉基督教。二人相濡以沫。

※在民族危亡的时刻，深厚的友谊也因政见的不同而消失殆尽。图为在西安时，宋美龄和张学良的夫人于凤至的合影。

推崇备至，他宣布，美龄在西安的表现“具有一种要是在前一个时代就会把她推上皇位的气质”，称她是力挽狂澜的中国第一夫人。

美龄在南京政府中的地位越来越高了，西安事变已经成了她政治生涯中的转折，从此，她正式登上了变幻莫测的中国政治舞台。

然而，一到南京，张学良就被正式逮捕，并被判处10年有期徒刑，之后改成“交军事委员会严加管束”，只是张学良没有料到，他竟被管束了一生。

1937年的元旦，美龄和子文、端纳一起探望张学良，张学良一直沉默着。许久，满脸羞愧的端纳打破了沉默，他实在没想到一向重承诺的中国人也会背信弃义，尤其是蒋介石，他毕竟是代表国民政府许下的承诺啊！

宋子文也开口了，他对蒋介石了解得多，也隐约猜到了张学良可能的下场，但是，此时此刻，他只是说了一句：“汉卿，我没料到有这一步啊！”

张学良望着一直沉默的美龄冷冷地说了句：“我早该料到这一步！”

一向伶牙俐齿的美龄尴尬不已，只好东拉西扯一番后匆匆告辞。不过，美龄后来一直反对蒋介石处死张学良，据说是经她暗中阻挠，张学良才保住了性命。或许美龄在履行自己的承诺，或许美龄只是本着基督徒的慈悲心肠吧，但不管怎么说，张学良在台湾岛上的孤苦生活中，美龄的关怀还是几缕不多的温暖阳光之一吧。

抗日战争全面爆发后，宋家三姐妹联手抗日，美龄更是积极发表演说，不断劳军、组织募捐，到处可以见到第一夫人活跃的身影。

这天，小雨刚停，美龄穿着一件样式普通的衬衫和蓝色便裤，乘车到上海看望伤兵，连日的奔波使她略觉疲惫，然而，国难当头，美龄丝毫不敢懈怠。

轿车渐渐走上了乡间土路，遍地泥泞，车身摇来晃去，美龄越

※ 西安事变和平解决了，蒋介石获得了他企盼已久的自由。而张学良从此却付出了一生的自由。图为张学良（左）、蒋介石（右）。

来越觉得难受。好不容易走过泥泞开始加速，空袭警报又尖厉地响起，司机脸上沁出豆大的汗珠忐忑地问道："夫人，车子是停还是开？"

美龄保持着一贯的镇定，挺了挺酸软的腰："小伙子，不要紧，飞机离这里至少有半小时的路程，我们还有足够的准备时间。"

司机渐渐平静下来，他加快了车速，想尽快离开这个危险的地方。可是，一不小心，小车陷在一个炮弹爆炸炸出的大坑里，司机开足马力往前冲，不料刚冲出弹坑又撞上了一个土包，车子失去控制，翻出了公路。美龄当场从座位弹出去，飞在了一边。司机脑袋撞在玻璃上，满面鲜血。

陪美龄同去的端纳最先醒来，马上冲出去寻找美龄。当时美

※ 这是一张西安事变后的照片，孔祥熙在这次事变中，扮演了一个明哲保身但又不失蒋介石信任的角色。

※ 兴致所至，眉飞色舞。

龄躺在泥潭里，已经失去知觉，双眼紧闭，脸色苍白，衣服也撕破了。端纳猛烈地摇着美龄，大喊"夫人！夫人！"美龄始终没有睁开眼睛，一阵恐惧朝端纳袭来，他紧张得不停地在胸前划十字。

最后，端纳将美龄抱出泥潭，俯身静听她的心脏，太好了，美龄还有心跳！端纳惊喜地跳了起来："上帝保佑，夫人没有死，夫人还活着，活着！"

在随行军医的抢救下，美龄渐渐苏醒过来，有点混乱地望着端纳。端纳赶紧指挥众人把美龄抬上另一辆车，要将她送到医院治疗。没料到，美龄忍痛说道："不，任务没完成，我们不能返回后方。前线吃紧，我是一个人，前线却是成千上万的人，不能为一个人而误了成千上万人的事！快，把车子往前开！"端纳愣住了，看上去娇小玲珑的美龄身体内居然蕴藏着如此深厚的力量！

颠簸的跋涉后，美龄终于到了前线战场，她强忍伤痛，开始了演讲："今天，因车子在途中出了点事故，四肢筋骨扭伤，衣服也破了。我没能保持完美形象和大家见面，请诸位原谅！”台下顿时掌声如雷。

演讲过程中，因伤势过重，美龄没有办法做手势，就连动动嘴唇也觉得难受，几次，美龄差点晕厥在会场，身边的侍卫官不断拿温毛巾擦去她额头的冷汗，演讲仍继续着：

“杀死鬼子！反对侵略！”

“唤醒民众！团结抗战！”

演讲到高潮时，美龄忽然叫出一个少尉排长问道：“我问你，在战场上，你是怎样指挥你的士兵的？”

“报告夫人，我是这样指挥的：弟兄们，往前冲啊！”

美龄微笑着摇头：“你应该这样喊：弟兄们，跟我来！”

微妙的差别却温暖了不少士兵的心，第一夫人提出的战斗口号成为官兵们的动员令，大家狂呼起来，口号声震耳欲聋。然而，美龄却昏倒在会场上。在场军士大受感动，第一夫人美丽的容貌和坚强的意志给许多人留下了深刻的印象。

经检查，美龄的筋骨严重扭伤，肋骨也摔断了几根，颅骨也受到了震荡。不久，她动了手术，庆幸的是，手术获得了成功。

事后，一位美国现代作家评价说：“只有像宋家造就的具有健全的头脑、健康的体质，又在幼时受过新教的自立和自制思想培养出来的妇女，才能像她那样长久地坚持。”

美龄不仅活跃在国内，还常常通过文章、演讲等方式向国际求援，争取世界其他国家的支持。在日军空袭的日日夜夜，美龄没有像其他的官员夫人一样，找个安全的地方养尊处优，而是跟广大官兵一起战斗在第一线，多次险些葬身敌机的轰炸中。艰苦的环境使她和二姐庆龄之间有了更多的默契——庆龄也一直在为反抗日寇侵略奋斗着。

美龄所致力的另一项活动是发起全国妇女共同支持抗战。战事之初，美龄就主持成立了“中国妇女慰劳自慰抗战将士总会”，亲自担任主任委员，号召妇女界赶制军用棉衣、内衣、手套等物，并在各地发起募捐，给了前线士兵极大的支持。同时，美龄支持邓颖超等人组织发起的战时儿童保育会，并亲自出席保育会会议，并发表演说，为保育会筹集了大量资金。

繁忙的工作之余，美龄最关注的，就是一家人的感情。二姐庆龄一直是美龄的心病，因为政见不合，庆龄一直对自己客客气气，少见姊妹间旧时的亲热；对蒋介石，庆龄更是没有好话，甚至不愿意见他。虽然为了抗日，姐妹仨再次携手，可是，庆龄看起来仍然是那么疏远，美龄不甘心，她一定要找回从

※ 军中那一抹柔媚的暖色调。

※ 虽政见不同，但毕竟血浓于水。想到马上就会相聚的兄弟姐妹们，宋美龄露出了开心的笑靥。

前那个疼爱自己的二姐。

在美龄的提议下，宋家三姐妹共同视察了第五陆军医院，收到了良好的社会效应，而姐妹三人的感情，也在一次次亲密接触中有所回温。时间到了1942年，抗日战争的形势有所好转，庆龄的态度也一天天缓和起来，美龄暗自开心。

八月十五月儿圆，美龄希望家里人也能团圆一次。她探望了庆龄："二姐，有言道，月是故乡圆，情是姊妹真，明天晚上，咱们兄弟姊妹也一起赏月吧。"

庆龄沉默着，美龄知道，二姐不愿意和蒋介石碰面，于是赶紧说道：“委员长明天要坐飞机到昆明视察，怕是想参加也难了。我看他不参加也好，免得扫了我兄弟姊妹的情趣。”

听到这话，庆龄点头了，美龄高兴地依偎在姐姐身边，乐得像个小孩子。

中秋节当天，霭龄订购了六斤重的月饼，子文派专机到昆明购买了象征团圆的神龟鱼，子安、子良请来了重庆饭店的高级厨师，宋家六姐妹弟兄终于团聚了！当美龄捧出自己亲手做的花溪河鲤鱼时，欢快轻松的气氛一时无以复加……

随着抗战的深入，美龄和美国打交道越来越多，几乎成了蒋介石的美援部长。美龄的风度、美貌倾倒了大批美国人，包括“飞虎队”将军陈纳德，据猜测，陈纳德长期支持中国抗战很大的原因在于美龄。

陈纳德与美龄的见面也颇富传奇色彩。

1937年，陈纳德来到了中国，蒋介石把他看做贵宾，自然由夫人亲自招

※ 风华绝代的宋美龄。

※ “妇指会”推动的棉衣运动旨在为前方物资缺乏的将士做征衣。宋美龄亲力而为。

※ 宋美龄的美式教育让她的个性得到了绝好展示，她以自己的创新和时髦领尽风骚。

待。当陈纳德走进房间时，看到了一个坐在沙发上的女人，此时他并没有留意。然而，随着卫兵通报他的到来，坐着的女子忽然站起来了，这一刻，陈纳德“完全给迷住了”，他忽然发现，自己看到了一位耀眼夺目的公主。

美龄继承了母亲的身高，当她轻盈地站起时，她那高挑而纤细得宜的身材立刻吸引了陈纳德。她朝他走来，高跟鞋的纤细支撑让她的步态摇曳生姿，她穿着深色的旗袍，下缘刚到脚踝，开衩在膝盖附近，美丽的腿上穿着肉色丝袜，在旗袍的开衩中若隐若现。缥缈的香味似乎是伴随着她的步子一起来的，陈纳德有些眩晕了。

美龄走近了，她发出银铃般的笑声，轻启朱唇。用一个美国记者的话来说“她那乌黑的眼睛犹如清澈见底的一汪清水；皓齿微启，发出美妙的乐章；纤雅的双手犹如夏夜微风中婆娑的荷叶”。陈纳德醉了，除了美龄的一颦一笑，他的眼中看不到任何人、任何物。

美龄伸出了纤细的手，陈纳德受宠若惊地握住了，他感觉，自己是在瞻仰一位尊贵无比的公主，他的心里充满了憧憬和感激。美龄又笑了，她的美貌在笑靥中越发如诗如画……

“她对我将永远是公主”——陈纳德激动地在日记上记下了这一刻。

夫人外交为蒋介石带来大量美元、武器，同时也带来了一些尴尬——被美龄迷倒的人太多了，美国总统特使威尔基就是其中一

※ 孔令侃（宋霭龄之子）嚣张跋扈，即使在美国市政厅的他也是一脸的不屑。

※ 为了共同抗日，三姐妹重聚在一起。宋美龄为姐妹的再一次相聚而喜悦，此时的她似乎还没有意识到这样的相聚会越来越少。

※ 宋美龄在开罗会议上，尽展自己才华与智慧。被丘吉尔誉为他在世上最欣赏的少数女性之一。

个，只不过这位特使有点过分。

1942年，威尔基作为特使访华，结识了宋美龄，一见倾心。为了继续两人的“友谊”，威尔基多次要求美龄和自己一起回美国。陪同威尔基访美的美国出版业大亨迈克·考尔斯回忆说，在重庆一次招待会上，美龄和威尔基联袂失踪了。这让蒋介石失魂落魄，脸色十分难看。当夜，迈克回到宋家住宿时，蒋介石率领侍卫带着步枪搜查了宋家，也未找到二人踪迹。凌晨时，威尔基兴奋

※ 宋美龄会见鲍罗廷夫人。

※ 淡然回首，浮华依旧，斜睨一笑，风情万种。

地回来了，他告诉迈克，美龄答应一起回美国。迈克极力劝阻，威尔基痛苦万分，最后为了国家利益终于让步了。迈克向美龄转述威尔基的意思，美龄却打了他，她长长的指甲在迈克脸上留下了很深的疤痕。

不管是真是假，这件事在社会上流传得很广，威尔基对美龄确实推崇备至，在他的强烈推荐下，罗斯福邀请美龄访美。美龄到美国后，很快成了罗斯福“最可爱的贵宾”，顺利地得到了想要的援助，难怪兴奋的蒋介石称自己的夫人“能力抵得上二十个陆军师”。

烽火连天的时代，美龄的声音始终萦绕在美国、加拿大等国上空，许多外国人赞叹：“果真是个外交家！一流夫人！”外援源源不断地运到中国，一部分作为战时之用，而另一部分，则进入蒋介石、宋霭龄和美龄自己的腰包了。美龄一边努力支撑国家，一边又在自毁长城。

不过，表面的风光背后，美龄的私生活却在此时有了很大波澜。进入更年期的美龄身体不适，搬进了宋家和大姐霭龄同住，蒋介石一旦没了约束，自然肆无忌惮。在陈果夫、陈立夫兄弟的牵线下蒋介石认识了陈立夫的侄女陈颖，两人马上打得火热。蒋介石也公然金屋藏娇，频繁出入于陈家。倒是耳目众多的霭龄立刻知道了此事，美龄听从了姐姐的建议，用50万美金打发陈颖去了美国，蒋介石暂时收敛了一点。

然而，没过多久，陈洁如来到了上海，蒋介石旧情复燃。这次的好事，是被霭龄的二女儿——孔令俊发现的。胆大妄为的孔令俊撺掇干妈美龄：一枪毙了陈洁如。美龄没有这么做，她找到陈洁如，破口大骂。只是没料到陈洁如一直认为自己是蒋介石明媒正娶的妻子，宋美龄才是拆散自己婚姻的第三者，并理直气壮地用原配的口吻回敬美龄，美龄无计可施，愤然离开了别墅。

不久，带着情伤的美龄飞往美国，在离开重庆的林园官邸前，美龄突然想爬山。一时没有爬山的运动鞋，女用找来找去，拿来了一双平底鞋，美龄仔细端详，是陈洁如的。爬山的兴致荡然无存，美龄取出火柴，在后院架起柴堆，将那双鞋烧成灰烬，脸上挂满了伤心的泪水。

1943年的开罗会议中，美龄再一次显示了她天才外交家的手段。与会期间，美龄作为蒋介石的翻译、秘书和顾问，尽展风采。在和丘吉尔、罗斯福会见时，美龄始终不卑不亢，回答中充满了智慧，一举一动无不显示出优雅的风姿和良好的教养。会后，丘吉尔多次在公开场合表示，宋美龄是他在世上最欣赏的少数女性之一。从此，美龄也在开罗会议中登上了自己政治的巅峰。

眼前名利同春梦

八年的抗战终于结束了，举国上下一片欢腾，宋家却再次陷入了分裂。蒋介石一看胜利就要来了，马上开始了夺权。宋庆龄站在正义的一方，不屈不挠地斗争着，而美龄，再一次追随了丈夫的政治方向。

内战期间，美龄仍然活跃在中国和美国。在国内，她在各界呼吁反共，国外，美龄依然施展高明的外交手段，到处拉援助，为蒋介石的队伍添砖加瓦。不过，历史并没有朝着顺从美龄心愿的一方发展。1947年，国民党军队形势一片大好，共产党兵少力弱，似乎支撑不了多久了。美龄随着蒋介石回到了蒋的故乡溪口，热热闹闹地小住了几天。孟良崮惨败的消息传来的时候，美龄惊诧不已，她不明白，装备简陋的共军怎么就歼灭了拥有最精良武器的七十四师！

然而，这只是个序幕。随着战争的进一步深入，大半个江山眼看就要属于共产党了。可不知悔改的蒋介石政府仍然在贪污腐败，大量民脂民膏流进了孔家人的私囊。蒋介石的长子蒋经国试图通过整顿政治来力挽狂澜，他大张旗鼓地开展了“打虎”运动，抓了霭龄的儿子孔令侃——这个吞没了许多外援而大发国难财的“商人”。然而，美龄生气了，霭龄生气了，在美龄和孔家人的压力下，蒋经国被免职，孔令侃很快被释放。

败象已呈，蒋介石忠实的部下陈布雷服毒自杀，为蒋介石撤离大陆演出了悲哀的前奏，美龄再次飞往美国，请求援助。这一次，

※ 岁月流逝，美人依旧，多的却是岁月的风霜。

※ 满目山河空念远，落花风雨更伤春，不如怜取眼前人。到台湾后的蒋氏夫妇更加珍惜彼此的感情。

美国人并没有给第一夫人面子，美龄处处碰壁，高贵的公主变成了受尽冷落的灰姑娘。更令美龄哭笑不得的是，外交上毫无收获的她却被全美艺术协会评选为“全球十大美人之一”，《纽约时报》说：“蒋夫人鼻子为世界最美。”美龄没有再回大陆，她随霭龄一家人留在了美国，而蒋介石也在拜祭祖先后逃到了台湾——无可奈何花落去。

1950年，美龄从美国飞往台湾岛，昔日拥有整个中国的“第一夫人”如今盘踞孤岛，美龄心中凄苦难言。不甘心的她发动了缝征衣运动，鼓励台湾当局妇女为大军“光复”大陆出一份力，然而，终其一生，美龄也没有看到反攻的行动。美龄赴台后，仍然掌握着台湾的外交事宜。然而，随着新中国的成立，与台湾断交的国家越来越多，“外交部”渐渐演变成“断交部”。美龄的脾气开始暴躁——她甚至动手打过“驻美大使”周书楷。不过，她还是尽力做好自己的工作，每个来台湾的贵宾都能收到一份精致的礼物，礼物上还刻有他们的名字，美龄的细心和体贴使许多外国人对台湾岛充满了好感。

不过，让美龄暗自失落的是，自己再也不能像以前那样风光无限地站在蒋介石身边了。晚年的蒋介石开始处心积虑地培植长子蒋经国的势力，他这样做不无道理：美龄的实力不容忽视，但如果不及早将蒋经国推出来，很可能在自己死后党政大权就要落入夫人手

※ 到台湾后的蒋介石，政治上已处于风雨飘摇中，只有从彼此不断增进的情感中获得慰藉。

中了。何况，自从1969年那次车祸以后，蒋介石的身体一天不如一天，早点定下继承人已经是刻不容缓的事了。

为了修身养性，也为了排遣无聊，美龄开始学画画。最初学画的时候，美龄稚嫩的画技常常让站在身后观看的蒋介石偷笑不已，但是，天长日久，等美龄学艺初成时，蒋介石已经不得不赞叹有加了。宴请贵客时，蒋介石常常命人将美龄的画张挂在壁间，脸上充满了自豪，只等来宾一一赞叹，而美龄也带着谦虚的笑，虽然她的目光中明显流露着自得。

美龄的生活习惯十分特别，她是典型的夜猫子，一到入夜精神就极好。服侍过美龄的侍卫、仆人都知道，美龄的工作是在夜幕降临时正式开始的。她喜欢猫在书房里读《圣经》、画画，或者是研究时政大事。深夜的时候，酷爱甜食的美龄有时会吃一两块巧克力，有时则会和干女儿孔二小姐大摆“龙门阵”，边打牌边聊天，直到天色发白才上床就寝。逢礼拜的时候，刚刚躺下的美龄也会按时早起去教堂，但是平时，美龄一般是上午11点左右起床。

许多人赞叹美龄的美貌，不过，美龄卸下精致妆容后的模样，即使是服侍美龄几十年的老人也没见过。美龄按照西方的习俗，将化妆视为必要的礼仪之一，即使看孙子，美龄也要画好了妆再去。每天上午美龄起床后，就会在房间细心描画，争取做到最完美的妆容，而她的护肤品也十分精致、昂贵，大多数是从法国、美国带回来的高档用品。抗战期间，美龄周游列国争取外援时也不忘为自己购置高档化妆品，法国的内衣、丝袜，还因此被指责生活奢侈。不过，也正因为美龄这么细心保养，所以即使年近古稀，仍然肌肤如玉，令人赞叹。不过，到了台湾岛后，美龄也经常用一些土方子制作化妆品，比如她就经常使用工作人员用纸灰调制而成的黑色膏体画眉。

美龄不仅注意皮肤的养护，对自己体重的要求也是十分在意的。工作人员都知道，美龄的房间一定要有一台小磅秤，每天美龄都要站在上面称一下体重，如果发现稍有超标，马上就开始节食，每餐只吃一些蔬菜沙拉，直到体重回落至正常的50公斤为止。由于长期坚持不懈的努力，美龄的身材一直挺拔俊秀，穿上中意的高跟

※ 人逝去，空余繁华在身后，道不尽，凄凉…… 图为蒋介石遗体“暂厝”桃园慈湖。

※ 蒋介石去世后，宋美龄悲痛欲绝，必须在蒋经国和蒋纬国的搀扶下，才得以参加完奉厝大典。

※ 曾是风光一时的“第一夫人”，如今苟存于一岛，宋美龄难以接受这个事实，华发顿生，憔悴身心堪比黄花。

鞋和剪裁合体的旗袍后，美龄走起路来摇曳生姿，丝毫看不出已经是古稀之年的老人了。

1971年，蒋介石难以支撑病老之体，住进了台湾岛上最高级的医院“荣民总医院”的第六病房，美龄从美国赶回后，也住进了“荣总”，亲自照顾蒋介石的医疗饮食。为了让蒋介石早日康复，美龄甚至改变了多年的生活习惯，早睡早起，尽量给丈夫最好的照顾。令她伤心的是，蒋介石这一躺就是几年，直到1975年4月5日去世，蒋介石始终没能离开病床。

少年夫妻老来伴，不管当初促成美龄婚姻的原因是什么，50年的共同生活，美龄对蒋介石的感情不可谓不深，美龄无比悲痛。接下来的风云变幻更让美龄感到，台湾岛非久居之地：一部分支持美龄的政客试图奉美龄为蒋介石的继承者——这条路美龄未必不乐意走，她对政治始终有着浓厚的兴趣，然而，蒋经国却已非当年那个“打虎”不成反被免职的懵懂青年了，他很快宣誓出任台湾“总统”，再加上蒋介石生前的周密布置，美龄只落得两手空空，最后

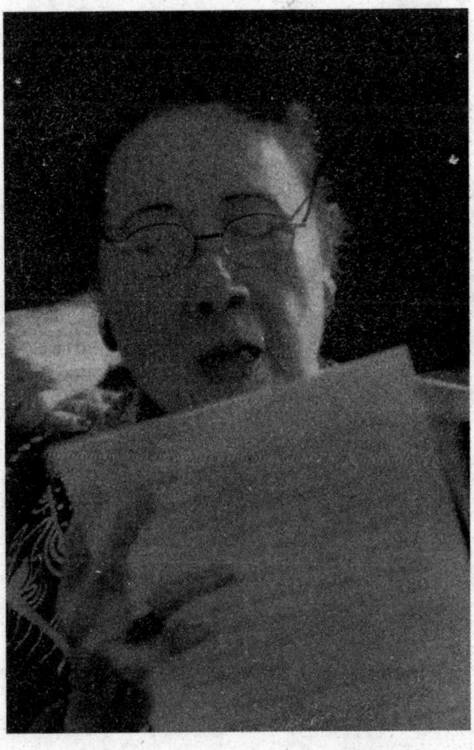

※ 斯人已去，留给我们的是她那历久弥坚的性格，还是那不绝于耳的铿锵声?

※无子无女的宋美龄晚年的生活甚是凄凉，好在有孔家的兄妹照料倒也少了一丝孤独。图为孔令俊（左）、宋美龄（中）、孔令侃（右）。

※ 1997年3月，宋美龄百岁大寿，中国台湾政界与各界纷纷派代表前往致贺，而百岁的宋美龄风姿绰约，历百年仍存。

不得不以治病为名远走美国。这一去，又是10年。在这寂寥的10年里，经常陪伴她的只有身边的侍卫官和孔二小姐。

1971年，大哥宋子文去世。

1972年，和美龄感情最好的大姐霭龄也走了。

1981年，美龄又收到了二姐庆龄的唁电。

1988年，蒋经国也去世了。夫家枝叶凋零，李登辉登上了“总统”宝座。台湾岛已无可留恋，美龄收拾行装又一次飞回了美国，此行，她带着90多个大箱子，里面装了什么？无人知晓。

在美国的日子是孤独寂寞的，无所事事，美龄整天以绘画自娱。同辈的人多已经故去，孔家、蒋家的小字辈常来探望的也不多，身边的侍从官也多是李登辉的心腹，90多岁的美龄饱看了世态炎凉，愈加怀念多年相处的丈夫蒋介石，她在寓所处处张挂蒋介石的照片，奉祭蒋介石的鲜花香烛四时不断。

1994年，美龄最宠爱的干女儿孔二小姐孔令俊（美龄叫她孔令伟）在台北振兴医院去世。年事已高的美龄居然乘坐飞机从美国赶来，在葬礼上，美龄一度失去控制，掩面痛哭。孔令俊是这些年来一直陪在美龄身边最亲近的人，不是女儿胜似女儿，为膝下无子的美龄带来许多天伦之乐，以至于许多人谣传孔令俊是美龄的私生女。只是没想到，一向专横跋扈连美龄也拿她没办法的孔二小姐居然轻易地被疾病夺去了生命。再一次白发人送黑发人，美龄的凄凉让在场的人都备感心酸。

1996年，蒋家第三代最后一个男丁，最得美龄欢心的孙子蒋孝勇与世长辞。命运又一次给了美龄沉重的打击，这个坚强的女人挺了挺腰，默默地坚持着。

1995年，98岁的美龄应美国国会之邀，前往华盛顿国会山庄，

※ 宋美龄最后一次回台，数名医护人员陪在她身边。百岁老人身段婀娜，脚穿高跟鞋，走得甚是稳健。

出席为庆祝第二次世界大战胜利50周年专为她举行的敬酒会。

沉寂多年的美龄重临旧地，风光丝毫不减当年，700多侨界人士夹道欢迎，闪光灯不断地闪烁。

美龄从70多岁开始坐上轮椅，这次人们没能见到当年她倾倒众生的曼妙步态。然而，她依然是美丽的：枣红黑底的条纹旗袍，黑白相间缀着宝石的披肩，胸前别着似乎展翅欲飞的翠玉蝴蝶胸针，还有相同质地的耳坠和手镯——美龄依然注重装束，而她的装束依然走在时尚的潮头。当她缓缓经过镁光灯的“夹攻”时，第一夫人的神采仍旧飞扬在周围的空气中。

精力过人的美龄发表了演说——这是她政治生涯中最常做的事。她吐字清晰，腔调圆润，记者不禁感叹：“我觉得她的腔调及咬字比撒切尔夫人的演说还要吸引人、有力。”不愧是美龄，岁月经过她的时候似乎并未在她身上留下任何的痕迹……

2003年的3月，美龄度过了她的106岁生日，她的兴致依然很好，检查身体后医生也宣布她十分健康。然而，出人意料的是，这年的10月24日凌晨，美龄却在睡梦中安然离去了。

为了办理美龄的身后事，蒋家人和孔家人几经磋商，各抒己见，不过这些，美龄都不用再费神了，在长眠中，她得到了永久的安宁……

第五章

宋子文私密生活影像

宋家的六个孩子，最有名的应该是三姐妹了，这三朵炫目的金花光芒四射，一时间使三兄弟的光彩逊色了许多。其实在三兄弟中，宋子文也是比较引人注目的，以至于许多人一直以为宋家姐弟指的就是三姐妹和宋子文。不过，熟悉民国情形的人都知道，宋子文、宋子良、宋子安这三个哈佛毕业的经济学家对民国经济的影响也是十分巨大的，尽管他们现在并不那么为人所知……

稚子金盆脱晓冰，采丝穿取当银钲

年幼的时候，子文是个调皮的小孩，整天跟着姐姐霭龄、庆龄和年纪相仿的妹妹美龄一起“为非作歹”。这一天，由霭龄带领着，几个小孩子又来到院子外面的田野上尽情嬉戏。

父亲宋耀如当初设计房屋的时候，特地将院子安置在一望无际的庄稼地中间，为的是这群小孩子有个天然练兵场。在这里，他们又是抓青蛙，又是下水捕鱼，嘻嘻哈哈地跑到了一片庄稼地里，接着他们的注意力被一片南瓜地吸引了。

由于年纪小，几个孩子还不太分得出瓜菜的品种，看起来眼前这瓜挺大的，好像不错，应该是家里吃的那种甜甜的西瓜吧？于是，霭龄带头冲过去，几个孩子东挑西拣，摘下了一个最大的南瓜，抱到田埂开始品尝。

只见霭龄从腰间取下一把小刀，煞有介事地学着爸爸的样子在上面切了个

※ 光芒四射的三姐妹遮去了同样耀眼的三兄弟的光芒。

三角形的小口，然后将那块三角形的南瓜取出来，几个孩子欢呼着凑了过去，子文第一个抢到手，张嘴就是一口。

“哎呀！这是什么瓜呀！太难吃了，又苦又涩！”子文吐出嘴里的瓜，撅着嘴大叫。

霭龄他们一看这样子，窃窃私语：“看来不是西瓜呀，不能吃啊……”

子文气不过了：“哼，它不是西瓜，我往里头撒泡尿，教训教

※ 海南岛文昌县宋氏祖居。

训它！”说着就拉开裤子，真的开始撒尿了，姐姐弟弟们哈哈大笑。

忽然，菜农老远地喊着跑过来了：“你们在干什么？”

坏了，要是被抓住交给母亲就惨了，谁都知道，母亲是最严厉的。小孩子们撒腿就跑，子文跑得最快了。

半个月后的一个傍晚，瓜农抱着南瓜找上门来了。父亲在客厅里接待了老瓜农，正在院子里跳皮筋玩耍的霭龄、子文、子良和子安吓得一哄而散，但是又不敢走远，于是躲在一边听爸爸和瓜农的谈话。

只听见瓜农的大嗓门叫道：“这些祸国殃民的小洋鬼子，你看看他们干的这些好事！是谁把尿撒在南瓜里的？”

因为宋耀如接受的是完全西式的教育，他给几个孩子也是做西式打扮，所以附近不了解这家人生活的农民都管几个小孩叫“小洋人”，如今瓜农一生气，口不择言，自然就蹦出“小洋鬼子”这个词来了。

宋耀如听了这话，早已猜到了一大半，不慌不忙地回答：“不要生气了，有话慢慢讲，莫要吓坏了孩子。”

“太欺负人了！”瓜农一时半会儿难以消气。

“我赔你的瓜，要多少钱？”

瓜农一口气难以咽下，脱口而出道：“20块！少一分都不行！”其实并不值那么多钱，他只是生气罢了，再说了，一个南瓜嘛，只要赔了礼认了错，他也不会要钱的。

谁想到宋耀如一下掏出200块，塞到了瓜农手里：“再加10倍，算我赔情，200元吧。给你。”

瓜农吓了一跳，摆手推辞不迭：“不，20元是我的气话，老板，哪能要你那么多钱呢？”

“我们是邻居嘛，孩子们不听话，给你添麻烦了，请你原谅！这点钱小意思，别客气。”说着，宋耀如已经将钱牢牢地按在了瓜农手心。

转怒为喜的瓜农拿着崭新的钞票，兴高采烈地对躲在门后的孩子们说：“别怕啦，刚才都是我不对啦，你们的院子太小了，今后要常到我们那里玩啊，有什么稀罕物，你们抱回家就可以了！”

老农走了，子文还是不敢走到父亲面前，他模模糊糊地感觉，这次闯祸了。果然，宋耀如宣布，召开家庭会。

宋耀如沉痛地说：“当年，我选择了这个避开闹市的郊区，作为父亲，我主要是为了给你们找块玩耍的天地，能看到四季的美景。工人和农民是中国的主体，因主体而形成城市和农村。我是经商者，介于工人和农民、城市和农村之间。我们的家也介于城市和

※ 或许是从小在女孩群中长大的缘故吧，宋子文虽从政多年，可在他身上实在找不出一个政客所应有的圆滑与世故。

农村之间，目的是让你们体会这其中的甘苦，更理解工人和农民的辛苦。做错了事，并不可怕。玩是你们的天性，可以尽情地玩，但是一定要知道农民的辛苦。唐代有一首诗：锄禾日当午，汗滴禾下土。谁知盘中餐，粒粒皆辛苦。今后上学了，还会学到爸爸给你们说的诗句。”

“爸爸，我错了。”子文惭愧地低着头。

宋耀如爱怜地摸了摸子文的脑袋：“我的好孩子，是我没教育好，明天你们在家里等着，等我处理完公务，咱们一块看海去，好不好？”

“好！好！”孩子们高兴地拍起手来，宋耀如也笑了，不知不觉间，几个孩子都是“小大人”了，但是他们出生时的情景还依稀在脑际呢……

宋家的前五个孩子年龄差都是两岁，只有最后一个孩子子安例外，他跟二哥子良差了整整四岁。当第三个孩子，宋家第一个男孩子文出生时，霭龄和庆龄已经能在院子里蹦跳玩耍了，当时外面正刮着风，两个女孩子一阵风似的向屋里跑去，边跑边喊：“刮风了，下雨了，老狼背着鼓来了……”

但是，家中的奶妈拦住了她们，要她们不要吵，因为，小孩子要出生了。

可是，妈妈要生的，是个弟弟还是个妹妹呢？两个女孩儿争吵个不休。

就在此时，一声洪亮的啼哭响起，奶妈高兴地叫着：“生了，生了！霭龄小姐，庆龄小姐，你们有小弟弟了！”

与此同时，正在华美书馆和孙中山交谈的宋耀如也接到了喜报，夫人生了个大胖小子，这可是宋家第一个男孩儿呀！

孙中山笑了：“祝贺你事业有成，喜得贵子！快回家看看吧，我来的也不是时候，很抱歉，下次再谈！”

宋家大院里异常热闹，在用人的祝贺声中宋耀如走进了妻子的房间，抱起新生儿亲了又亲：“快让我瞧瞧我的胖小子！中国封建几千年，瞧不上千金，我宋耀如还想要个千金，可是送生奶奶不给，偏偏给我个胖小子。”

“你不是有两个千金了吗？”有人讥笑。

“两个千金（斤）还不够两吨哩！”宋耀如正儿八经地反驳。

子文出生后两年，美龄出生了，接着是子良，这两个孩子和哥

※ 旧时的私塾，孩子们终日里拖着长长的辫子和老师摇晃着头，念着之乎者也，四书五经。

哥姐姐一样顺顺当当地来到世上，很快又成了宋家“儿童团”里热闹的一员。不过，子安的出生对于母亲倪桂珍来说，就是一个艰难的抉择了。

由于当时倪桂珍已经得了关节炎、糖尿病，而且心脏功能也不太稳定，经常要大把地吃药，或许怀孕期间服药对胎儿的不良影响吧，子安不足月就要出生，而且还是难产。焦急的宋耀如只能守在产房外，等待着医生的手术结果。

不一会儿，医生走出来了，然而他一脸的严肃：“是要大人还是孩子？”

“能不能保住孩子？最好两个都要！”宋耀如急出了满头的冷汗。

“甘蔗没有两头甜，”医生摊开双手，“还是选一个吧。”

“那就保大人吧！”宋耀如一咬牙。

紧张的抢救开始了，幸运的是，最后孩子终于生下来了，倪桂珍也脱离了危险。宋耀如抱着新生儿，看着妻子疲惫的眼神，心中感慨万千。

然而，事情并没有结束。子安虽然是生下来了，但他的体重不足七斤，既不会哭，也不会叫。教会医院的医生拍了拍孩子的屁股，孩子毫无反应；医生戴上听诊器，心脏跳得很微弱；再试试鼻子，呼吸也十分微弱，于是医生喃喃地对宋耀如说：“这孩子怕是活不成啊，上帝没有给他通行证。”

“大夫，你要救救他，哪怕有一口气！要多少钱我都可以给！”宋耀如恳求着。

医生看到诚恳的父亲，勉强点了点头：“我们会尽力的。”

宋耀如回家时，其他的孩子都在等着新生儿的消息，看着孩子们无忧无虑的脸，宋耀如觉得心里好受多了，或许明天，一切都会好起来吧。

清晨，奶妈从教会医院回来了，带来了一个好消息：子安终于渡过危险期了！宋耀如此时还没起床，奶妈就把消息先告诉了孩子们。他们就像一窝快活的小麻雀，叽叽喳喳地冲到了爸爸卧室里，跑在最前面的是子文，接着是子良和美龄，庆龄在后面喊着：“阿爸要睡觉哩，别吵嘛。”

子文站在床前大喊了一声：“阿爸！阿爸！小弟弟活了，小弟弟活了！”

宋耀如一时还没反应过来，子良又大声地喊了一遍，宋耀如一下子跳下了床，紧紧地抱住了子良：“你说什么？小弟弟活了？”

“是啊，小弟弟活了。”子良睁着大眼睛说。

“听谁说的啊？”

“奶妈啊。”

奶妈也跑了过来，向宋耀如解释：“昨天你走后，大夫想尽办法都不行，夫人急了，就把孩子紧紧抱在怀里，用身体暖了整整一夜，到早上孩子居然哭出了声，医生都说是个奇迹，我就赶快跑回来给老爷贺喜了。”

“好好好！”宋耀如一连说了三个好字，眉开眼笑，拉着孩子们的手，

“孩子们，跟我到医院看妈咪和小弟弟去！”

“真的？”几个孩子一个个围了过来，高兴得又蹦又跳，争着抢着要走在前面。

宋家的男孩子在宋耀如独特的教育方法下茁壮成长，很快就成了一小帮活泼又不失机灵的小捣蛋鬼，在姐姐霭龄的带领下，几乎无所不为。这天，家里来了很多客人，一辆黄包车停在了院子中间，他们就地取材，玩起了扮皇帝的游戏。

庆龄自告奋勇扮演皇后，霭龄年龄最大，力气也大些，就当了车夫，拉着庆龄在院子里转了几个圈，子文看得咯咯地笑。

庆龄想了想：“我们扮演安徒生童话里的故事吧，一个大‘皇后’，坐着黄包车游玩后花园，碰见凤凰大姐，然后和凤凰大姐比美。”说着一指霭龄：“大姐就做车夫吧，我是皇后，美龄妹妹是凤凰大姐。”

“那我呢？”子文焦急地叫道。

“角色分完了，你当群众吧。”

“好吧。”子文接受了，反正家里一向是姐姐妹妹娇，几个男孩子就让着她们点吧。

不一会儿，小孩子们都穿着大人的衣服装扮好了，庆龄像模像样地坐上了黄包车，子文打扮好了觉得自己比较像皇帝，就坐在庆龄身边当皇帝，霭龄一鼓劲儿拉起黄包车飞快地跑了起来。

正玩得高兴，妈咪倪桂珍透过窗户看到了这一幕，吓坏了：“霭龄，要慢点跑啊！这些孩子，这是演的哪出戏啊。”

没等妈咪赶过来阻拦，车子已失去重心，翻倒在一边。子文大叫一声，敏捷地跳开了，庆龄却重重地摔在地上，留下了一块永远无法抹平的伤疤。

爸爸和妈咪都跑出来了，又是哄，又是责备，子文站在一边，心里后悔极了。

不过，宋家这帮孩子也不是永远在打闹嬉戏，有的时候，也是一片和谐静谧的情景。这一天，子文要求爸爸送自己上学。当时的上海没有像霭龄、庆龄就读的马克谛耶女子学校那样的卫理公会男生学校，子文只能在家里跟着家庭教师读书。不过，现在子文觉得自己的年龄已经足够到一个正式的学校学习了，于是向父亲提出了请求。宋耀如很快开始活动，为子文挑选学校，他看中了圣约翰大学。这是美国

※ 圣约翰大学，近代中国著名的教会大学之一。

教会在上海办的一所学校，设备先进，教师优秀，而且设有少年班，正好适合子文。由于子文的成绩优秀，英语十分出色，他很快得到了入学批准，家中一边为子文准备行装，一边准备着庆祝子文上学的家庭晚会。

晚会上，最先表演的一向是最富表演激情的大姐霭龄，她和爸

※ 宋耀如用他那独有的教育方式，教导着子女们的成长。每到家庭晚会的时候，子女们各施其能，弹琴、跳舞、唱歌，好不热闹，只可惜斯人已去，空留一串串回忆……

爸宋耀如合唱了一首《飞向明天》：

飞向明天
飞向明天
明天的阳光更绚丽
明天的鲜花铺满地
明天，是希望的象征
明天，是收获的季节
一分耕耘，一分收获
我们要做明天的主人……

霭龄投入地唱着，宋耀如的男中音悠扬动听。妈咪弹着钢琴，庆龄吹着口琴，子文兴高采烈地打起了牛皮鼓。

其实宋家这种周末晚会是固定举行的，这也是宋耀如为了熏陶孩子们而想出的好办法。在这个欢乐的家庭里，子文继承了父亲的天赋——唱歌，他的声音像宋耀如一样优美动听；子良则喜欢跳舞、作画，经常在歌声中蹦蹦跳跳，或者拿出自己的得意作品请爸爸和妈咪指点；子安则跟着妈咪学会了弹钢琴，有时候妈咪倪桂珍会主动让“贤”，让小子安为大家伴奏。这种独具匠心的培养方法让孩子们的天性在自己喜欢的娱乐里发展得更加充分，也让他们选择了今后不同的人生。唱歌的子文活泼，跳舞则让子良机灵，而弹琴又使子安深沉。晚年时，兄弟们常常回忆起当时晚会上的欢乐场面。

如今在北京后海宋庆龄的故居，我们可以见到子安当年用过的小提琴。晚年的宋子安常常在疲劳时关起门来拉一首曲子，在琴声悠扬中回忆着童年的欢聚，怀念逝去的父亲和母亲，也怀念着亲爱的哥哥姐姐……

子文入学的这天终于来了。坐在爸爸准备好的车里，一直为上学兴奋不已的子文忽然感到了一丝留恋：只要开始上学，就不能天天在家里和弟弟妹妹玩耍了，而且只有假期才能见到亲爱的爸爸和妈咪。看到子文的犹豫，敏感的宋耀如马上问他要不要留在家里，并且说现在改主意还来得及，子文一挺胸脯，干脆地回答：“不！我要上学！”

※ 战乱年代，时局动荡，宋家孩子小小的年纪却对革命有了清醒而独到的认识。

学校的生活紧张而又充满挑战。一向只在家中和姊妹们接触的子文开始在这里学习与人相处的方法。他喜欢参加学校举办的各种活动，尤其是演讲——因为子文有一些不明显的口吃，他希望在锻炼中克服这个先天的缺陷。很快，学校的老师和同学就发现，子文的演讲越来越流畅，而且由于扎实的英文底子，他可以用中、英文两种语言演讲，这一转变令老师和同学大为惊叹。

子文还在读书的时候，大姐霭龄乘船去了美国，开始了留学生涯。子文的心里，除了高兴，也有羡慕，希望有一天，自己能和大姐一样，远渡重洋到那个自己梦想的国度去继续自己的学业。

1907年3月，孙中山被日本政府驱逐出境，秘密来到上海。老朋友宋耀如在家里为他举行了欢迎会。那天晚上，孙中山惊奇地发现，宋耀如几个年幼的孩子庆龄、子文、美龄、子良都能够对当时的革命情况有一些粗浅的认识，而且几个年龄稍大的孩子还能熟练地背诵自己在《民报》上写的发刊词，一时间孙中山感慨万千。他耐心地向孩子们讲解了当前的革命形势，鼓励孩子们好好学习，学成本领报效祖国。子安年龄还小，似懂非懂，子文却很有男子气概激昂地表示，一定要推翻清政府，自己长大后也一定要为建立共和国家而奋斗。少年的意气让孙中山和宋耀如都笑了，宋耀如心中十分欣慰，当年煞费苦心地教育孩子，总算没有白费工夫啊！

青莲三居士，昼景真赏词

眨眼间几年过去了，子文也要到美国去念书了。这时候，大姐霭龄已经学成回国，做了孙中山的英文秘书，直接参与了中国的革命事业；二姐庆龄也即将结束在美国的学习，踏上回国的旅程，小妹美龄还在美国，所以子文此行除了学习外，还要代庆龄担起继续照顾年幼美龄的责任。

1912年夏天的一个早晨，子文从上海英联港码头出发，同行的还有姨夫温秉忠一家。妈咪倪桂珍从手腕上取下一个金镯子，认真地套在了子文的手上，流着泪说："子文，到了美国要照顾好妹妹美龄，她还小，妈咪最放心不下的就是她。这镯子是妈咪的一颗心，带着吧，想妈的时候，你就看看它。"

船缓缓地开走了，子文一次次地扬着手向岸边的亲人告别："爸爸，阿拉已经不小了，不要为阿拉担心了！""爸爸，请你多照顾妈咪！"

轮船在浩瀚的海洋上航行，眼前的一切是那么神奇，自小就很少出远门的子文对眼前的一切充满了好奇。虽然当时的子文已经读完了大学，可是以他的年龄来说，还是个年轻的少年，海上的风云变幻和充满了异国情调的国度，都让子文对即将到达的美国充满了憧憬，他默默地给自己制定了奋斗的计划，决心做一个对国家有用的人才。

坐在旁边的姨母看到子文一直出神地凝望远方，微笑着问他：

“子文，在想什么呢？”

“我在想今后的路该怎么走。”

“好孩子，别想了，车到山前必有路。来，咱们吹吹口琴散散心，好吗？”

“好啊，咱们一块儿吹。”子文高兴地取出父亲送给他的口琴，递给了姨母。

“还是你先吹一曲让我和你姨夫听听。”

“好啊，我吹。”子文兴高采烈地又接过琴，放在嘴边，略微试了一下音符，便吹了起来。

琴声由低转高，由弱转强，时而如淙淙小溪，潺潺不断；时而如骏马奔腾，铿锵有力，时而又如海水，滔滔不绝……姨母听出来了，这是宋耀如教给孩子们的美国民歌《亚格里溪的瀑布》，姨母还记得，歌词是这样的：

在那古老的大地，
在那原始的森林，
有一条绿色的瀑布。
像银河飞流落下，
像绿缎迎着晨霞。
百丈悬崖之上是它的娘家，
汇入大海却是她的婆家。
千仞万壑挡不住她的足迹，
一路高歌，一路风尘，
不怕身子摔成水花。

姨母喜欢这首歌，可是从子文口中吹出来，这首歌的调子一下子高了几个音阶，变得激昂有力，同时也有点硬邦邦的感觉，可能是男孩子的心性不同吧，姨母微微觉得别扭，子文却吹得津津有味。

不一会儿，子文的曲子吹完了，轮到姨母了。她不慌不忙地吹起了一首婉转的歌谣，子文也听出来了，这是家乡的歌儿《思乡情歌》：

穿上花裙子，
蹬上高跟鞋，
那是谁呀？
那是我。
走在长街上，
惹得众人瞧。
长街无尽头，
我走啊走。
一直走到天过午，
最后回到家，
还是爸妈亲，
还是家里好。

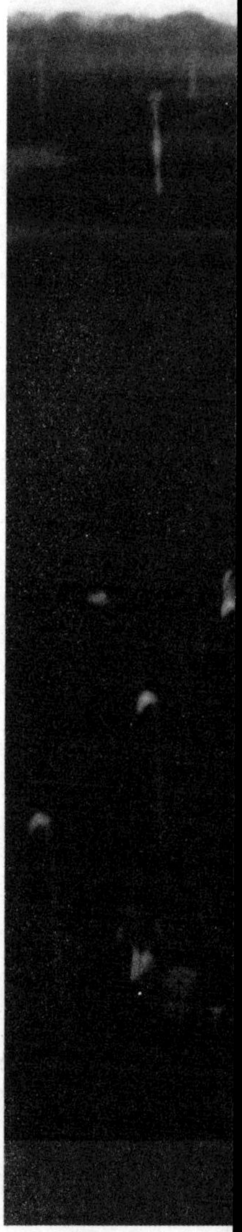

两人正玩得高兴，姨夫温秉忠走过来：“吹得不错啊！呵呵。”

“姨夫，你也来一支吧。”子文又递上了口琴。

姨夫却笑了：“我要吹，非把你们吹跑不可。”

“为什么呢？”

这下连姨母也笑了，温秉忠大笑着解释：“因为我不会吹呀！”

一家子快活的笑谈中，客船掀起了一阵阵水波，飞速地向前行驶。

船快到日本岛的时候，头等舱里一个日本客人忽然高叫起来：“哎哟，我的包袱被人偷去了！”客舱里顿时骚动起来，乘客们议论纷纷。

船长走了过来：“包袱里有贵重的东西吗？”

“有，有。”

“什么东西？你大致描述一下形状，我们好找。”

“这，这……”日本人支支吾吾地说不清楚，最后挤出一句话，“里面有

※ 那时人们的交通工具大多依赖铁路，而宋子文去美国走的却是水路。

首饰，还有……还有一个玉镯。”

眼看这个人神情诡异，说话吞吞吐吐，船长直觉地感到，其中必定还有隐情。他把这个日本乘客请到了船长室，仔细一问，才知道他的玉镯是从中国偷出来的，而且还是大清皇宫的宝物。这下，事情就麻烦了。

船此时在日本神户港，日本方面以查找赃物为名把轮船扣押了整整三天，然而，搜查工作毫无结果。

头等舱所有的乘客都成了怀疑的对象，子文和姨夫姨母也被扣留在船上，子文抚摸着手腕上妈咪的金镯，心中十分气愤所遭受的不平等待遇。

虽然子文生得白白净净，又架着一副眼镜，一看就是个文弱书生，可是，年轻人的血气方刚，还有一向接受的平等民主的教育让他对眼下发生的事情感到十分不满，于是，在乘客们跟船长方面交涉的时候，子文也站出来，据理力争：“一个人丢了东西，就惩罚全船乘客，不让开船，这也太不讲道理了！假如我们中国人丢了东西，让你们日方赔偿黄金，你们干吗？”

几句话正中日方的要害，其他乘客也纷纷表示支持：“小伙子说得对！”

子文还想说什么，姨母轻轻拉了拉他的衣角，示意他坐下。毕竟身在他乡，姨母不想子文惹上什么麻烦。子文忿忿不平地坐了下来。

可是子文的话却像一根导火索，全船人积压的不满都被点燃起来，大家一起向日本方面表示抗议，日方既无法明目张胆地寻找本国人从中国带出的赃物，又迫于全船乘客的压力，只得同意开船。

一场闹剧总算结束，子文望着辽阔的大海，心潮澎湃，要知道大洋的彼岸有亲爱的姐姐和小妹在等着自己呢！

与此同时，庆龄和美龄也在翘首盼望着子文的到来。姊妹俩在子文到达波士顿的当天也坐着车赶来了，三兄妹相会在闻名天下的哈佛大学——子文将在这里完成他的博士课程。

※ 年轻人的日子总是充满着欢笑。当位高权重时，曾经的欢乐难以重现，空留下耐人寻味的回忆。图为（左起）宋子文、宋庆龄、竺可桢之女友、竺可桢、宋美龄。

庆龄和美龄最关心的还是家人的情况，尤其是亲爱的妈咪，因为妈咪的身体不大好。子文微微有点伤感，他想起了妈咪因为生病不能送自己上船，想起了临行前妈咪满含着惦念地将金镯套在自己手腕上，他叹了口气："爸爸蛮精神，就是妈咪身体差一些。"

"什么病？"庆龄马上追问。

"还是老毛病，心脏不好，还不是想你们想的？"说着子文将行李包打开了，"妈咪给你们捎东西了。"

行李包里有美龄爱吃的家乡小吃，还有庆龄的新衣服，也有细心的妈咪为两个美丽的女儿准备的色彩柔和的中国绸缎。妈咪想得可真周到啊，庆龄更加想家了，还好，自己就快学成回国了。

子文还带着爸爸的信，美龄抢过去一看，高兴得跳了起来：“爸爸让我在二姐毕业后，转到波士顿来读书，由子文哥哥照顾我。太好了，爸爸想得真周到！”

“让我来照顾你也好，但我可不像二姐那样处处让着你。到时候我可凶了，你要是不听话，我就会打你耳光哩！”子文吓唬小美龄。

“你打，你打啊，你现在就打，我才不怕呢！”美龄嘻嘻哈哈地对着哥哥撒娇。

“淘气包……”子文笑了，庆龄也笑了。

一年后，庆龄学成回国了，美龄依照爸爸的吩咐转学到波士顿，子文无微不至地照顾着小妹。不久后，美龄和子文的好友刘纪文恋爱了，身为大哥，子文不干涉妹妹的恋情，他只是默默地祝福着他们。

在哈佛的学习生活是十分愉快的。子文在圣约翰大学学习的几年，为以后的继续深造打下了坚实的基础。在哈佛，子文仍然保持着前几名的优异成绩，老师常常夸奖他，子文也高兴地说：“学习对我来说，是一种兴趣，并没有压力可言。实际上我只付出了百分之六十的努力，却得到百分之百的收获。”闲暇之余，子文喜欢到处走走，庆龄回国前他常去庆龄的学校，庆龄走了之后，他和美龄在一起的时候也很多，不过更多的时候他喜欢去图书馆。

不久，美龄收到了庆龄的信，庆龄告诉了小妹自己对孙中山的感情，惊诧的美龄急忙找来了子文，而此时子文已经得到家里的消息：庆龄已经私奔和孙中山结婚了。

面对着爸爸宋耀如的激烈反应，子文思索起美龄的恋情来。怎样才能让小妹的感情不受家庭的干涉呢？美龄是聪明人，她很快有了自己的想法，子文支持她，自己的生活就是要自己来选择。

子文进入哈佛的第四年，以优异的成绩毕业，获得了经济学硕士的学位。美龄为哥哥高兴，子文内心也非常激动，从校长手里接过学位证书的一刹那，子文流下了激动的泪水。此时，他想到了爸爸，想到了妈咪，也想到了遥远的祖国，他没有辜负他们的期望，

※ 宋子安，家中最小的孩子，自然备受哥哥姐姐的爱护。图为宋子安、宋美龄、蒋介石。

总有一天，子文会回来报效祖国的……

不久，子文离开了波士顿，他要去纽约，因为他在国际银行找到了一份工作，并且他要进入哥伦比亚大学攻读博士学位。

作为国际银行的小职员，子文主要的工作是办理华侨、华商汇款和在国内兴办企业等事务。虽然工作不复杂，子文却以非常认真的态度对待他的第一份工作，因为他不仅仅是在工作，更重要的是，他在将自己从课堂上学到的经济学知识运用在实践当中，并且要从这个世界金融中心学到经济贸易的实际经验。在工作中，子文认识了大批富有的华商和实业家，认真踏实的子文给他们留下了深刻的印象，在子文回国担任财政方面的官员后，这些华商给了他很大的支持，其中有许多人成为了子文终身的朋友。

工作结束后，子文就打开公文包，取出课本开始学习，或者就到哥伦比亚大学听课。虽然生活很忙碌，子文的精神却是愉快的，他常常给小妹零花钱，美龄也欣然收下。当然美龄并不缺钱，但她知道，这是哥哥自己挣来的，代表着哥哥的一片心。

子文在美国的时候，弟弟子良也动身出发了。宋家的孩子就像火炬的接力者，一个接一个地漂洋过海，到美国求学来了。子良读的也是哈佛的经济学硕士，在这里，他像哥哥一样用功，也像哥哥一样取得了优异的成绩。1917年，子文博士毕业，和美龄一起回到了祖国，就剩下子良一个人留在波士顿了。不过，他孤单的日子并不很久，弟弟子安马上也将漂洋过海来陪他了。

对于子安，爸爸和妈咪更是不放心，不仅因为他是家中最小的孩子，而且因为子安的身体一直是兄弟姐妹中比较羸弱的一个。由于出生时经历的那场磨难，子安身体一直不是很强壮，平时一直是妈咪最关心的老儿子。如今，一直依依膝下的小儿子也要出远门了，妈咪流下了眼泪，爸爸的眼睛也湿润了，他认真地叮嘱说："不要像你大哥、二哥一样，非要拿个经济学博士回来，有个经济学硕士就行了。"子安强忍着眼泪点点头，他知道，男儿有泪不轻弹，虽然自己年龄还小，但也是个男子汉了。

子安到了哈佛后，子良仿佛一下子长大了。虽然自己也才"脱离"大哥子文的保护，但是在子安面前，子良就是一个成熟稳重的大哥。每当还带着几分少年顽皮气息的子安拿出小提琴边拉边哼着歌儿的时候，子良总是在一旁微笑。家里寄来的钱，子良也总是多分给弟弟一些，子安的衣服和鞋帽也都是子良用心打点的。即使在成家立业后，子安对子良仍然有很深厚的感情，也有几分依赖感，这样的感情和依赖与在哈佛度过的岁月不无联系。

应该说兄弟俩在学校的学习和生活还是挺顺利的，因为大哥子文在学校里得到很多好评，许多子文的朋友、老师都是很照顾子良和子安的。不久，爸爸宋耀如也来到美国看望久违的儿子。

宋耀如带来了许多好吃的东西，小兄弟俩兴高采烈，和爸爸叙说着别离后的苦乐。子安最担心的是妈咪的病情——其实这是宋家子女们都十分关心的问题，患有心脏病的妈咪一直让几个孩子最放心不下，宋耀如微笑着告诉他们："妈咪经过医生的精心护理，已经好多了，虽然没有彻底痊愈，但也应该不会有大的起伏吧。"

兄弟俩高兴地对看了一眼，心里悬着的石头总算放下了。

宋耀如又开口了："我这次来，一来，是想看看你们，二来，我要给孙大总统筹集革命的资金。等革命胜利了，你们都可能会做中国的财政部长。中国要建设，经济人才十分缺乏，所以我才让你们兄弟三个都来美国学经济。我这次来的时间不会太长，还要和一些朋友见见面，你们要是有时间也尽量参加吧。他们中间不乏学经济的，他们的实践经验是你们一辈子都学不完的。"

兄弟俩很爽快地答应了，对于经济，他们有着浓厚的兴趣。

重聚的欢乐之后，宋耀如谈到了革命的形势，哥俩听得很专心。不过，既然谈革命，难免说到二姐庆龄和孙中山。宋耀如对庆龄仍有几分生气，子良和子安却十分羡慕姐姐能够在革命的中心工作。

桃叶传情竹枝怨

再说子文，回国以后，父亲将他安排在了位于武汉的汉冶萍公司工作，以便积累必要的经验，为今后的事业打基础。

汉冶萍公司是中国最早的钢铁联合企业，统辖着汉阳铁厂、大冶铁矿和萍乡煤矿。由于一直是政府派官员进行企业管理和运作，煤矿一直入不敷出，洋务派大臣盛宣怀独立支撑着这副烂摊子。对于新生力量的加入，盛宣怀是很欢迎的，尤其是像子文这样的留洋博士，他的到来没准儿会给公司带来一个新的转机呢！

为了表示对子文的欢迎，盛宣怀举行了大型招待会，出席宴会的有盛宣怀本人和他的儿子盛泽丞，还有盛宣怀正当花季的掌上明

※ 图为广东省政府成立时，宋子文（左一）与孙科（左五）等人的合影。

珠——盛谨如小姐。只是盛宣怀没想到，自己会在无意中当了女儿的红娘。

在宴会上，盛宣怀先把儿子介绍给了子文，接着是女儿。当年的盛谨如小姐美丽大方，能诗会绣，还写得一手好字，一直是盛宣怀最引以为傲的女儿。她丝毫没有许多闺秀的忸怩之态，热情地伸出手给子文，子文则风度翩翩地鞠了一个躬。宋家姊妹的美丽是尽人皆知的，作为她们的兄弟，子文的相貌也称得上英俊，不过，比起其他的世家子弟，子文身上更具有一种难得的书生气，一种潇洒而又稳重的风度，盛谨如小姐一时间对眼前这个男子产生了一种说不出的好感。

子文开始了在公司的工作，盛谨如小姐也开始以各种理由到公司里来，她希望更多地见到这个人。爱神在不经意中悄然降临，只是子文自己，还不知道自己已经成为少女的梦中人。

一天，盛谨如小姐（因为排行第七，许多人叫她盛七小姐）拿着一张上海发行的《金融时报》轻盈地走进了子文的办公室。这张报纸上登载着子文的大名，称子文这个回国不久就成绩斐然的年轻人是“金融界的理财好手”、“汉冶萍公司的希望之星”，而且报纸详细罗列了子文到汉冶萍公司后的种种改革措施，认为他是一个“智多星”。盛七小姐满怀爱意地看着子文，子文却对报纸的赞美不屑一顾。七小姐微微惊奇地问：“难道中国的金融界还有第二个宋子文吗？”

子文笑了：“好厉害的一张嘴！”

七小姐斜眼看了子文一眼：“你这个人好怪，人家喜欢你，可是还得自己说出口。”姑娘的心里，对这个不解风情的人又爱又恨。

“你喜欢我什么？”子文脱口而出。

“喜欢你的人品，还喜欢你的才能，你能答应我吗？”盛七小姐是一个大方的女孩。

子文却摇了摇头，心事重重：“你是总裁的女儿，我岂能高攀？”子文的担心不无道理，虽然宋耀如也是社会上有头有脸的人物，但是，作为清朝大员的盛宣怀恐怕是不会把女儿嫁给商人的儿子的。

盛七小姐却笑了：“总裁又怎么啦，他也是人哪，他也有自己的心上人。”说着，她走到子文的身边，深情地对他说：“我爱你，这并不是一时的冲动，从你到公司的第一天起，我就喜欢上你了，一直到现在我才来求你，请你答应我吧！”

“怕是不行吧！”子文忧郁地摇摇头。他认为自己很开放，没想到女孩比自己还开放。他不是不喜欢她，而是不敢答应。

其实，英俊潇洒的子文并非没有接触过感情。早在美国的时候，就已经有几个姑娘喜欢他。然而，因为国籍的不同和双方父母的干涉，这几段感情都有始无终了。子文害怕重蹈覆辙。

然而，盛七小姐是那么的自信："明天我就给爸爸妈妈说，让你到我家来做客，公开我们的关系。"

"不，没那么简单。"子文赶快阻止，"一下让你的爸爸妈妈接受我，那是不可能的，再说，也得给我一段时间考虑考虑。"

盛七小姐笑了，笑得那么开心，她的子文，终于同意和她在一起了……

沉浸在甜蜜中的子文和盛谨如似乎已经将世界忘得一干二净，既没有父母的干涉，又没有情敌的干扰，子文似乎变了一个人。他每天卖力地工作，好点子一个接一个，同时他也开始注意自己的仪表，常常西装革履，越发显得帅气。盛谨如经常来陪伴他，或是端茶递水，或是工作之余花前月下地共诉衷肠，一切都是那么的美好。子文多希望可以永远和相爱的人生活下去啊！

然而，他们最担心的事还是发生了。盛宣怀知道他们的恋情后，无论如何也不能接受这个现实。他先是怀疑这事的真假，可事情是儿子盛泽丞亲眼所见，最后，他只得相信这个事实，可是，他不甘心。19岁的女儿一直是自己的娇娇女，她漂亮活泼，大方得体，一直是盛宣怀引以为傲的。为了给女儿找个好归宿，盛宣怀挑来拣去，最后定下了门当户对的一个青年，那人如今正在清华大学读硕士，也是个英俊潇洒的年轻人。虽然这事一直没有告诉女儿，但是在他心中，那个年轻人俨然已经是自己的女婿，怎么在这节骨眼上女儿爱上了别人！

那一夜，盛家的老夫妇难以入睡："宋家哪里比得上咱们家呀，这叫门不当，户不对，成何体统！"盛宣怀不满地说。

妻子也极力反对说："女儿糊涂，女儿糊涂呀，这么大的事，也不和父母说一声。"

"子文本事也还有，但毕竟只是个小职员，不过是喝过几天洋墨水罢了。他要是追求咱们女儿，可真是不自量力啊。”盛宣怀感叹不已。

可是母亲毕竟更了解女儿：“那不好说哟，以谨如的性格，说不定是她先主动的呢。”

盛宣怀更生气了，这个不明事理的女儿呀。可是，还不都是宋子文那小子害的！想来想去，盛宣怀狠狠地掐灭了手中的烟：“明天就把他调走！走得远远的！”

调令很快下来了，子文找到了谨如，姑娘还蒙在鼓里。

“我要走了，请你保重。”

“怎么回事？”

“问你的父亲吧，你应该很清楚。现在我要收拾东西了。”子文的口气很生硬，显然，他误会了谨如。

谨如急了，分辩道：“是的，爸爸是数落了我一顿。可是我也没客气呀。我说了非你不嫁，他很生气，可是他并没有说要把你调走啊。”

“你父亲不同意，我看算了吧，我们各奔前程。”子文有些伤感，然而口气还是那么得生硬。他是在生姑娘父亲的气，也是在生自己的气，他也不想这样伤谨如的心，可是他做不了主。

“不！我现在就去找父亲！无论如何，我不会让你走！”谨如一跺脚跑开了，她跑得那么急，无论子文怎么呼唤，她都没有回头。

谨如没有从父亲手里夺回自由，也没有握住自己的幸福。盛家对七小姐的管束更加严格了，子文一连几天都见不到谨如。这天，盛家的车子载着谨如出行，倔强的子文开着车冲过去，拦在谨如的车子前面，大喊着要和谨如谈话。盛家人尴尬不已，事后子文就被调走了。

1923年，宋子文应孙中山之邀，辞去了在汉冶萍公司的职务，到广东参加革命。临行前，他还惦记着心上人。趁盛谨如和妹妹在杭州看潮，子文拿着三张船票找到了盛谨如，劝她和妹妹跟自己到广州投奔孙中山。谨如向往自由的生活，但她不愿意背叛家庭，思忖很久后她拒绝了子文的提议。为了表达自己的心意，谨如送给子文一片金叶子（金子制成的树叶状礼金，上流社会用作礼物），两人就此分别。

盛谨如小姐之后的生活很不幸福，她很晚才嫁人，据说，夫妻间感情并不融洽。与此形成鲜明对比的是，宋子文在国民政府中的地位越来越重要，远非当初汉冶萍公司那个小职员可比。家道中落的盛宣怀后悔极了，他难以相信，自己当初一手给女儿安排的“幸福”居然是这种结局，而女儿喜欢的人，居然是如此的前途无量，悔恨中他痛苦地说自己“狗眼看人低，毁了女儿的一生”。

迎得春光先到来

在孙中山的广州国民政府，宋子文最初担任的是孙中山的英文秘书——这份工作大姐霭龄和二姐庆龄都做过。以宋家姐弟的能力来说，这份工作简直轻而易举，上任的第二天，子文就担任了共产国际代表和孙中山会谈时的翻译，并顺利地完成了任务。

不过，当时的国民政府最大的难处不在于缺乏英文人才，而在于经费紧张。这恰是子文的长处所在，刚好能发挥作用。

不久，子文向二姐夫建议，由税收入手，寻找增加资金来源的途径。他的方法有三条：一是对橡胶、甲醇和制造化肥用的硫酸氨征收特别进口税——仅此一项就是一笔不小的收入；二是由政府出面，要求广州商人为政府提供借款，这项收入大约有30多万；三是向在饭店吃饭的人征收10%的附加税，征收饮料清凉税，对专卖药品、化妆品、婚礼、葬礼、宗教仪式、人力车一律征税。

“到底是喝过洋墨水的人有办法！”孙中山大为赞赏。

果然，子文的税收政策一出台，国民政府就凑到了一笔又一笔资金，国民政府渡过了一个又一个难关。廖仲恺被暗杀后，孙中山正式任命子文为国民政府财政部长，同时兼任中央银行首任行长和广州银行行长。

可是，“财神爷”这个官并不好当。子文既要应付各路军阀的敲诈勒索，又要对付金融界那些一毛不拔的富翁，常常是疲于奔命。不过，除了经济方面的才能外，子文的外交本领也是一流的，常常是软磨硬缠加上义正词严，对付了要钱的人之后，再转身向人要钱——没办法，革命永远需要大量资金，而有钱人永远是那么吝啬。

※势力剥夺了一个人的幸福，从此忧伤飘来。图为宋子文。

与此同时，孙中山领导的北伐事业节节胜利，不能不说是资金充足的功劳。孙中山高兴地对庆龄说：“要说我有功，不如说你推荐的财神爷有功！到底是经济学博士有办法，不保守有创新。”

庆龄嫣然一笑，弟弟在自己心中一直还是儿时那个聪明又顽皮的小男孩，如今，小男孩也长大了，而且还干出了一番不小的事业呢！

正当子文在广州大展宏图的时候，宋家第二个洋博士子良也学成回国了。

子良是一个清瘦高挑的年轻人，一身合体的西装再加上清秀的眉目，显得比哥哥子文更多了几分书卷气和令少女瞩目的潇洒。当子良带着旅途的疲惫突然出现在庆龄面前时，一时间，几年不见的庆龄竟没有认出他，是子良激动的一声“二姐！”这才惊醒了庆龄。

熟悉的声音一下将庆龄的记忆和眼前这个年轻人重叠在了一起，庆龄惊喜

※ 宋耀如让他的三个儿子都去美国学了经济。孰不知，他们学成归来之后，虽对经济的发展起到了一定的作用，但更多的是为蒋介石的国民政府聚敛“围剿”工农红军的钱财。图为宋子良与邹琳。

若狂：“子良，是你吗？你要是不叫我，我真的不敢认了呢！你长高了，不过也瘦了很多呢！”

“是吗？”子良微微一笑，显得那么稳重——庆龄再一次强烈地感到，这已经不是那个跟在姐姐屁股后面四处疯玩的小家伙了。

孙中山的脚步逐渐走近，庆龄飞快地迎上前去：“子良回来了！”

“是吗？”孙中山同样喜出望外，又一个经济博士毕业了，革命政府正需要这样的人才呢。

子良也是怀着报国的心愿来投奔二姐夫的。他很快向孙中山提出希望在广州尽快找一份合适的工作。

正中下怀，孙中山告诉他：“昨天两广盐务稽查所邓泽如向我交了辞职报告，你回来了，就接替他吧，先担任两广盐务稽查所经理。”

“感谢栽培！”子良喜不自胜。

孙中山不放心地嘱咐道：“这两广盐务税收可是我们国民政府的半壁江山啊，实在是担子不轻！”

子良微微一笑，这点困难并不在他眼里：“美国盐税这一块，每年收入都很大。他们实行的是统购统销，不过他们设有盐务警察。不知道我们这里如何？”

“要根据我们的国情，借鉴国外的经验，才能开展工作。你可以向你大哥子文了解一下情况。”

“好吧，我定不负众望！”子良信心十足。

接着，子良找到了大哥子文。一番弟兄重聚的欢欣后，两人的谈话切入正题，子文详细向子良介绍了盐务方面的情况。

子良走马上任的第一天，原来的那帮幕僚就集体给了他一个下马威：在子良召开会议时这帮人要么不到场，要么勉强到场却一言不发。这是旧时下属惯用的试探新上司的手段，如果新上司过不了这一关，那么从此以后这些幕僚就可以为所欲为了。他们看子良年纪轻轻，而且刚刚从学校毕业，就对他也使出了这一招。

子良虽然年轻，魄力却不小，他当场宣布：“明天这个时候继续开会，不到者以自动离职论处！说话不算数，我可以不当这个经理！”

这帮幕僚不敢再对抗了，无论如何还是饭碗更重要。第二天开会的人早早就到齐了，每个人眼里都流露着诚惶诚恐的神情。子良缓缓走进会场，宣布开会。

会后，许多人对这个年轻的“国舅”议论纷纷，大多数人认为，子良虽然年轻，但是魄力和智慧丝毫不亚于其兄宋子文。从此，子良在盐务稽查所说一不二，再没人敢对他要花招了。子良很快打开了盐务的整个局面，当年的盐务收入比往年多出一倍多。孙中山高兴地夸奖子良说：“用活一个洋博士，增加98万元！”不久，孙中山提议子良接替子文出任中央银行行长后留下的空缺，正式上任为广州银行行长。宋家的男儿们，都有了施展自己才能的大舞台。

1925年3月12日，伟大的先行者孙中山逝世。强忍着悲痛的宋庆龄秉承先生的遗志，支撑着中国革命的大局，宋子文、宋子良紧紧团结在二姐身边，为她出谋划策，也为国民政府的财政问题尽自己的最大努力。子良出任广州银行行长后，尽职尽责，对银行每一笔进出款项都尽力做到一丝不苟，保证每一分钱都花到最需要的地方。与此同时，他和大哥子文一起制订了当年的财政计划，这就是著名的“宋氏兄弟的钱袋”计划，最大限度地解决了当时的财政危机。经济学博士的优越之处被彻底发挥出来了，1925年革命政府的财政收入达到2518.2万元，是1924年的三倍多；1926年，这个数字更上升为10013.6万元。庞大的数字背后隐含了宋家兄弟的多少心血，同时也向世人证明了宋家兄弟的才干与智慧！

人言道路古来难

自从伟大的先行者孙中山逝世后，革命政府群龙无首，野心家个个都急不可耐地想登上总统的宝座，形式十分复杂。国民党中央召开了紧急会议，决定迁都武汉。

庆龄派最信任的弟弟子文先行到武汉准备迁都事宜，然而不久，正在江西北伐的蒋介石忽然给中央来电，要求商谈有关军事、财政等事项。宋子文和孙科匆匆忙忙赶到庐山，准备与蒋介石会谈，使他吃惊的是，他在这里居然遇到了小妹美龄。

多日不见，美龄更加漂亮了，她笑吟吟地和大哥打招呼。子文有些诧异：“小妹，你怎么也来了？”

※ 追随先生左右，聆听教诲，壮怀激烈。先生一仙逝，纷纷倒戈，教诲如风散。

“兴哥哥来，不兴小妹来这里玩？”

“妈咪怎么样，身体好吗？”此时爸爸宋耀如已经过世，子文最关心的，就是有心脏病的妈咪。

“只能报告一周前的情况，她很好，就是想念大哥。”美龄还是像小时候一样可爱。

“还是那么顽皮，”子文也笑了，“大姐还在上海？”

“不，她也来了，现在在九江。”

子文有些迷惑了，怎么，大姐也来了？究竟是什么，把大姐也吸引来了呢？

宋子文此时还不知道，一个围绕着他的阴谋正在悄悄设计着。

不久，子文见到了大姐霭龄，令他摸不着头脑的是，霭龄说了一大堆饱含玄机的话：什么此时革命政府群龙无首，又是什么接班人的问题要慎重，眼前的一切，好像庐山的云雾，子文被包围其中，辨不清方向。

不久，蒋介石和他进行了会谈。如果说霭龄的话语是暗示，那么蒋介石就是明目张胆的威胁，子文仿佛明白了些什么。他满怀心事，忧心忡忡地离开了风景秀丽的庐山。

霭龄心中有数，她早已看准了蒋介石这个乱世枭雄。她认定，蒋介石会给宋家带来财富和地位。目前的问题就是想办法和他拉上关系，再就是说服几个弟弟投靠蒋介石。至于妹妹庆龄，她清楚她的倔强脾气，她不去碰这个钉子。

美龄的庐山之行正是霭龄向蒋介石示好的一个步骤，在庐山，她和蒋介石谈好了一切条件。接下来，她要对付的是子文和子良。

不久，子良接到家中的急电，说妈咪病重。子良急坏了，匆匆安排了手头的工作，马上离开了广州。然而等他赶回家中，妈咪好端端地坐在那儿。子良松了口气，奇怪地问：“妈咪你没有住院吗？”

“谁好端端地咒我呀？”妈咪生气了。

霭龄及时出现了，开口便说：“来迟了一步，没在码头接到你。”

倪桂珍追问谁发的电报，女婿孔祥熙端着笑脸来领罪了，霭龄赶快拉住了弟弟，嘘寒问暖，还说要摆酒席给弟弟接风。

※ 革命形势越来越严峻，宋子文在暗示和威胁中，更加迷惑了。

酒过三巡，霭龄仍然不开口，子良憋不住了：“大姐，什么急事居然用这样的方法把我骗回来？”

霭龄对丈夫使了个眼色，孔祥熙开口了：“革命革命，先要弄清跟谁走，有没有前途，要不然干了也白干。今天千里迢迢把你叫回来，正好妈咪也在，就商量商量咱们宋家跟谁走吧。”

子良糊涂了：“什么跟谁走？”

霭龄干脆利落地接过话茬，“打开天窗说亮话吧，现在有两个政府，武汉的和南京的，你要跟哪一个？”

“当然是武汉！”

霭龄听到这个意料之中的回答皱了皱眉：“你不是小孩子了，要搞清楚状况！蒋介石手里有军权，他才是将来掌握中国的人。今天要你回来，大姐就是想告诉你，不能犹豫了，跟着蒋介石，前程才是无量的。”

“那，二姐和大哥怎么办？”子良犹犹豫豫。

霭龄轻蔑地一笑，先说你自己吧，别管他们，告诉你，总有一天，你大哥会过来的。

子良糊涂了，然而他也确实被说动了。

对付子文确实困难，然而这难不倒宋霭龄。她是他们的大姐，她是看着他们长大的，她非常清楚弟弟性格上的致命弱点。子文是个书生，对付书生，要软硬兼施。

不久，蒋介石的南京政府开始干涉江浙地方财政，武汉政府的财政捉襟见肘。为了化解危急，子文来到上海，从此便掉进了圈套。

霭龄的劝诱，蒋介石的拉拢，戴笠的威胁，一度使子文疲惫不堪。他躲进庆龄在莫里哀路的家，然而，他还是没有躲过这一劫。

一天，大姐霭龄再次打电话叫他去吃饭，刚一落座，霭龄就滔滔不绝，不停地说着招降的话，孔祥熙便在旁帮腔，夫妻俩的

※ 在困境中时，人的意志往往是薄弱的，经不起任何的雨淋风打。宋子文在孔氏夫妇的密谋下，离经叛道了。图为洋洋得意的孔祥熙。

※一个风流倜傥、才华横溢的经济学博士，学成后对民国经济产生了重要的影响。

※ 宋家兄妹在宋霭龄的一手策划下纷纷倒向蒋介石。宋霭龄在宋氏家族的历史上扮演了重要的角色。

双簧唱得不亦乐乎。憋了一肚子气的子文向妈咪求救，谁知妈咪却站在了霭龄一边——原谅母亲的偏心，当倪桂珍发现南京与武汉比离自己近得多的时候，她就已经默许了霭龄的做法，她更愿意儿子在南京工作，这样，有空可以多回家看看自己。在妈咪那里受了委屈的子文碰到了美龄，他把一肚子火撒向了妹妹，怪她莫名其妙跟蒋介石搅在一起谈恋爱。美龄气得不肯再理哥哥，子文在上海更加孤单了。

还好，二姐庆龄经常打来电话给他鼓励："有什么困难，你随

※ 宋家兄妹一个个倒向了蒋介石，而宋庆龄与兄妹的距离越来越远了。

时来电话，我想告诉你的，就是一句话：立场坚定，绝不动摇。尤其是信念。”

“我谁都不怕，就怕妈咪给我下命令！”子文万般无奈。

庆龄沉默了。

第二天，又一个打击降临了。子文这次回来发行一批武汉政府的债券，国库正等着这笔收入呢。谁曾想到，蒋介石的债券居然已经抢先发行了，为了确保购买，蒋介石还派出一帮打手去强卖，只要有商号不买，打手就上前大闹，或者干脆将对方当成共产党抓走，一时间人心惶惶，谁还敢不买蒋介石的账？

子文回到家里，恐吓信等着他；走到街上，却莫名其妙地遭了车祸，脑袋上撞了个大包——这是蔼龄默许的对弟弟的惩罚，只要不致命，蔼龄认为，这些精神上、肉体上的打击最终会使子文屈服。不愧是蔼龄，她猜对了。

伤还没养好的子文赶到自己的办事处，却发现已经被贴了封条，几个办事人员哭着告诉他，一帮身份不明的人封了办事处，在场的人都挨了毒打。烦躁不已的子文赶回莫里哀路，门口又是大幅的封条，

※ 立场坚定本是一个信念，可在风雨飘摇中的人，一个微小的刺激，都可能让他的立场发生动摇。

CBS
BLUE

子文要崩溃了。

一辆汽车戛然而止，停在了子文身边，孔祥熙笑呵呵地下来了，霭龄紧随其后："回家吧，弟弟，家里人为你担心死了。"

子文不愿回那个充满了陷阱的家，然而，他又能去哪里呢？偌大的上海，居然没有宋子文立足之地。他最终跟着大姐走了。

饭桌上，子文说要回武汉，妈咪发了脾气："我还当不了你二姐的家！再说我也不放你走！"

霭龄、美龄、子良，眼前的一个个人都已倒向了蒋介石，妈咪的气还没消，子文就动摇了。坚持了一个多月后，他丢盔弃甲站到了蒋介石一边，成了他的财政部长。庆龄听到消息后落泪了，她可以理解弟弟的难处，在那个四顾无助的上海滩，他已经尽了最大的努力，然而庆龄还是忍不住地伤心，如今，就连最亲爱的弟弟也背叛了自己，自己真的成了宋家之外的一只孤雁了！

银筝锦瑟声相调

离开了自己的理想，离开了革命的正途，子文的内心是忧郁的。二姐庆龄的忧伤一直在他心中挥之不去，令他没有办法开心地笑出声来。霭龄看出来了，便劝道："大弟，天下奇景多，庐山好乘凉。一年前我去过那里，很好玩，希望你到那里散散心，休休假，老蒋那边你不好说话我去说。"

就这样子文上了庐山。美丽的风景在心事重重的人眼中也失去了韵味，然而，置身于远离官场的山野，子文的心情轻松了不少。一天黄昏，子文悠悠闲闲地在溪边欣赏落日，大自然的无穷变幻吸引了他的眼神。

"扑通……"一块石子投进溪水，水面上倒映的满天红霞霎时间被碎成了片片云锦，子文回过神来，一个红衣少女笑吟吟地站在不远处，亭亭玉立，好似神女降临，子文一时有点惶惑，如此美丽的女子，难道是山间的仙女吗？

红衣少女笑了："天不早了，太阳公公和大山婆婆滚到地球那边睡觉去了，你还要为他们站岗放哨不成？"

子文扶了扶金丝眼镜，这才确定，眼前的美丽女子是一个调皮的人间女孩。

更让子文意外的是，女孩忽然又说起了英文，乍一听到许久不曾听过的纯正口语，子文脱口而出："Oh, Long time no see."（哦，久违了）

子文纯美式的发音让红衣女孩也微微一怔："What did you say？"（你说什么呀？）

子文彻底被红衣女孩那纯真又活泼的风度迷住了，无论如何，他也不曾想到，居然在这里遇到了一个会说纯正英语的美丽女孩！在这个美妙的秋日，子文和红衣女孩时而用英文，时而用中文热烈地交谈，时间溜得那么快，不知不觉眼前已经是星月笼罩，薄薄的雾气也渐渐升起来了……

"你还没有告诉我，你的名字呢？"红衣少女含情脉脉。

"哦，哦。"子文连忙点头，"我姓宋，叫不行。"子文的回答中充满了无奈和对自己的嘲讽，不行，难道不是吗？自己心中的理想总是无法实现，如今更是走着一条前途未卜的不归路，人生处处充满了无奈。

"宋不行？这名字真奇怪，真有趣！"红衣少女眨着眼睛品味了许久，笑了，"可是，我该怎么称呼你呀？"

"随便，随便。"此时的子文已经没有心思闲聊，他的全部注意力都被这个神秘的少女的美吸引住了。

"那我就叫你不行大叔喽？"红衣少女咯咯笑了起来。虽然子文绝对做不了她的"大叔"，然而这个温文尔雅、衣冠楚楚的人六神无主的样子让她觉得有趣极了，忍不住打趣道。

"行，行。"子文不假思索地回答："告诉我，你家住哪里？"

"就在这山上呀，归宗寺旁边。"红衣少女落落大方，"欢迎去玩儿哦！"

"归宗寺"，子文在心里牢牢地记住了这个地方，他想再聊点什么，和少女多相处一会儿，可是红衣少女却说："Sorry，我还要去黄龙潭看瀑布呢！"接着很快离开了。望着她的背影，子文惆怅了很久。惊鸿一瞥，不知道什么时候再相见呢？

红衣少女的背影已经消失很久了，子文仍然呆呆地立在他和红衣少女刚刚交谈过的地方，一种挥之不去的奇妙感觉笼罩着全身。自从被迫和盛谨如分手之后，子文曾发誓今生不娶。然而，红衣少女的倩影在他脑海中久久挥之不

※ 一脸的腼腆，一脸的羞涩，此时竟也不如夫人那般的大方。图为1945年4月，宋子文夫妇会见美国加州州长。

去，他惊奇地发现，原以为已是槁木死灰的心，只不过是一潭暂时沉寂的水，这颗亮丽的红色石子投进来的时候，依然激起了层层穿透沉寂的波浪……

天已经黑了，子文收回了思绪，眼前的不如意顿时又涌上了心头。蒋介石，还有他那前途未卜的“政府”，子文觉得是如此的迷茫，过了一会，他又自嘲地一笑：“唉，算了，事到如今，悔也无用。那么多大军阀都斗不过蒋介石，我宋子文又有何能耐非要制伏他？毕竟，蒋介石不是凡人嘛！”

“宋部长！宋部长！”秘书气喘吁吁地跑来，“你怎么一个人在这里呢？我到处找你，黄县长和当地几个要人来拜访你……”

无休止的官场应酬，子文实在有些厌倦，然而经不住秘书的劝说，子文虽闷闷不乐，但还是接见了这些地方官员。

县长谄笑着献上了一堆礼物，子文皱皱眉头走过去，心里骂着这些搜刮民脂民膏的地方官，突然他发现礼物堆里有一把与众不同的宝剑。子文拿起剑，发现剑匣上刻着一行英文：“Silence is gold”（沉默是金），有趣，子文反复抚摸着这柄剑，决定留下它，其他的礼物都让县长拿回去了。县长正要请求子文留下东西，子文却忽然问他：“这剑是从哪儿弄来的？”

“哦，它是一个木商朋友送给我的。”县长额头上开始冒汗，他听说宋子文已经来这个地方很久了，却一直在微服出游，难道他听到了什么对自己不利的消息了？想到这里，县长更害怕了，他战战兢兢地又添了一句话：“是送给我做生日礼物的。”

“一个木商？他叫什么名字？住在哪里？”

“啊，他、他叫张若虚，住在这山上，在归宗寺旁有一栋别墅。”县长极力压制自己声音中的恐惧感。

“归宗寺？”子文眼前一亮，那个曼妙无比的红色身影闪现在眼前，难道，张若虚跟她有什么关系？

黄县长偷偷瞥了一下子文的表情，似乎不是生气，他小心翼翼地问：“怎么，宋部长想去归宗寺？卑职愿为马前卒。”

“不必了。”子文淡淡地说，“我自己能去，你们回去吧！”

三天后，子文带着秘书不期然来到了张若虚家中，张若虚受宠若惊。

当他毕恭毕敬地引着子文走进别墅时，一个清脆的声音响起来“不行大叔！”子文顿时满脸通红，是她，是那个穿着红衣的仙子！

原来，让子文魂牵梦萦了许久的红衣女子就是张若虚的女儿张乐怡。

听到女儿如此放肆地称呼宋部长，张若虚吓坏了，连声制止。但是，机警的他随即发现，部长的脸上没有丝毫不悦，他仿佛明白了什么。

张乐怡和子文谈得意兴勃勃，这时，她注意到了子文的秘书拿着的那把宝剑，于是要过来仔细看了一会儿，然后不解地望着子文：“这宝剑怎么在你们手里？”原来，这是张乐怡当年在美国留学时买来送给父亲的礼物。

“这、这……”子文一时不知道该如何回答。

张若虚出来给他解围：“怡儿，这宝剑你既然送给爸爸了，爸爸当然有权处置它，对不对？”事实上，是黄县长暗示了他不少次，迫于压力，张若虚才将女儿的礼物转送给了黄县长。

张乐怡的眼圈儿红了：“哎呀！爸！怡儿不是这个意思，毕竟它不是市场上可以买到的东西，它是怡儿的一片心意嘛，你怎么可以随便就把它送人呢！”

“乐怡，这宝剑不是你爸送给我的。”子文过来给张若虚解围，“前几天黄县长来拜访我，送了一大批礼物，我都没要，唯独这把剑，我见它上面刻着英文，知道它有些来历，就收下了。黄县长告诉我，它是张先生送去的，并告

※ 风华正茂，却带着邻家女子般的娇羞。
图为张乐怡。

诉我张先生住在这儿，因此，我就来了，没想到在这儿碰上你！”

“你们这些当官的，没有一个是好东西！”

张若虚吓坏了，子文却宽厚地笑了笑：“让她说吧，没关系！”

气氛轻松多了，张若虚转身去准备筵席，子文和乐怡谈笑风生，一会儿用中文，一会儿用英文，在场的人听到这些奇怪的对话都不能理解，当事人自己却乐在其中。

饭桌上，子文不住地夸赞张若虚这栋别墅环境如何清幽，布置如何雅致，张乐怡掩口而笑，张若虚这才反应过来，原来，宋部长想住在这里！他喜出望外，热情地邀请子文入住，子文自然同意了。

单纯的张乐怡只觉得“不行大叔”很有意思，也很想整天和他聊天说笑，她真心实意地邀请子文：“宋部长，你来住我家西厢吧，那样的话，一开窗，咱们就能说话了。”

“让我陪你说话？”子文乐了，这小女子还真是一尘不染啊。

“当然嘛。”张乐怡责怪地看了爸爸一眼，可怜巴巴地说，“你不知道，我一个人待在书房里，好没意思啊，像蹲大牢似的。”

子文笑了，张若虚也笑了，第二天，子文果真住进了张若虚的别墅。

今后的事情水到渠成。子文和乐怡这对风华正茂的璧人每天或纵马原野，或观瀑亭边，或采花，或清谈，日子如流水，飞驰而去。偶尔，张乐怡的小弟弟和子文的秘书也会掺和进来，四个人一起采蘑菇，办野餐。在这无忧无虑的日子里，子文仿佛已经忘记了世间的烦愁。张若虚看在眼里，喜在心里，他捋着颔下几缕胡须，拖着长音满心欢喜地吟唱起李白那首著名的《望庐山五老峰》：“庐山东南五老峰，青天削出金芙蓉。九江秀色可揽结，吾将此地巢云松。”

※ 乱花飞絮里，得来俏佳人，一个闯入宋子文内心的女子，从此便定格于此。

1928年秋天，宋子文和张乐怡的婚礼在上海举行，新娘穿着洁白的婚纱，她的美貌越发如诗如画，幸福的新郎紧紧地拉着娇妻的手，一刻也不舍得松开……

玉楼金殿影参差

新婚的宋子文心情十分愉快，与此同时，他的事业也取得了极大进展，在促进整个国民经济的发展中，宋子文的作用越来越大。

蒋介石此时需要大量的金钱，因为他的南京政府已经被连年的兵战和官吏的贪污腐败弄得不成样子了，许多基本的开支都有了困难。如今他一口气用了宋家三个洋博士，优秀的子文没让他失望。

子文的下手点集中在关税、盐业、统税和货币四大方面。在子文的主持下，南京政府先后同美国、英国、荷兰、意大利等国家签订了新的关税条约，废除了清政府时期不平等的关税标准，从此，关税成为蒋介石政府最大的税源，占总收入的一半以上。盐业方面，子文延续了子良时的改革，积极杜绝走私，防止盐官与私商勾结，改革盐务稽核所，阻止税警团。不久，盐税也成为南京政府的重要收入来源。再加上在征税制度方面的改革和统一货币后的种种有利条件，子文很快成为蒋介石倚重的财政要员。

不过，子文并不满足于现状，他期待着自己在金融方面的独家控制。当时的中国还有中国银行和交通银行两大银行并不

※ 在爱情的浇灌下，宋子文重振旗鼓，在自己的江山——经济领域里大展宏图。

在宋家的势力范围内，子文耿耿于怀，再加上中国银行总经理张嘉璈身后也有强大的政治势力做后盾，所以一点儿也不买宋家兄弟的账，子文愤恨之余，更加想把中国银行划归自己名下。

这天，张嘉璈的英文秘书王宝生十分苦恼，老婆已经回娘家几天了，不到两岁的孩子哇哇地哭了一整天，王宝生烦恼不已。不过，他不敢骂老婆，也不敢跑到丈人家里公然把老婆揪回来，因为他的老婆是顶头上司张嘉璈的侄女。

其实张嘉璈肯把侄女嫁给王宝生，也是赏识他的才干，可是这个老婆娇纵成性，平时又喜欢讲究个吃穿，王宝生就那点工资，实在是穷于应付。如今，她又生出个花样，非要丈夫带自己到美国旅游，王宝生哪里有钱，只好推托，老婆一生气，就卷起铺盖回娘家了，王宝生敢怒而不敢言。

说实在的，一般人到了王宝生的地位，应该不会缺钱，可张嘉璈平时对王宝生虽然好，钱财方面却十分吝啬，以至于王宝生整天都在哭穷。现在，因为没钱，老婆也跑了，王宝生懊恼极了。

小孩还在哇哇大哭，却来了一个不速之客，中央银行副总经理陈行。这个人平时架子大得很，今天居然肯光顾小秘书的家，王宝生有些奇怪。

更奇怪的还在后面，陈行知道王宝生的窘迫之后居然肯以中央银行的名义借5000美金给王宝生，王宝生受宠若惊地接过支票，心里高兴坏了。老婆一听说可以旅游了，欢天喜地地回了家，两人快快活活地逛了一大圈。

说也奇怪，陈行的钱似乎是只想借出不想收回，王宝生手头紧了就去借，陈行每次都爽快地给支票，如此一来，不到半年的时间，王宝生就借了5万多美金。

忽然有一天，陈行愁眉苦脸地上门了，他告诉王宝生，宋子文已经发现了这笔亏空，限令归还。王宝生差点就哭了出来：这些钱都被老婆花光了，难道从天上找钱还人家不成?

陈行倒也爽快，一看他还不上贷款，立马告诉他一条路：就是交出张嘉璈和日本方面相勾结，挪用公款的罪证，还交代说，只要王宝生交出证据，宋子文就可以不追究这笔借款。

眼看落入宋子文的圈套，王宝生哭丧着脸交出了张嘉璈挪用公款30万元的账本。证据在手，宋子文不费吹灰之力逼走了张嘉璈，自己担任了中国银行的

※ 张嘉璈（1889～1979），字公权。宣统元年（1909）日本应大学经济系毕业。民国建立，曾任浙江都督府秘书。1913年任中国银行上海分行副经理，1917年升任中国银行副总裁，是民国时期著名的银行家。解放后，张嘉璈去澳大利亚和美国任教，著有《关于旧中国的通货膨胀》、《关于旧中国的铁路建设》两书。

※ 1944年6月20日，美国副总统华莱士访华，宋子文（右）及驻华使节在机场欢迎。

董事长。

宋子文第二步要对付的是交通银行。这次并没有费多少周折，因为通过他强行颁布的条例，交通银行不得不让“官股”加入，宋子文、宋子良和宋子安通过“官股”的渗入都当上了交通银行的董事。

更巧的是，子良和大银行家席德懋的二小姐席曼宁一见钟情，很快举行了婚礼。这样一来，又一股金融势力并入宋家，子良美人在怀，大权在手，日子过得不亦乐乎。

一场金融界的蚕食鲸吞之后，三兄弟共同控制了中央银行，此外，子文独占中国银行，子良雄踞交通银行，子安则是中国国货银行的主持者，三兄弟一时成了民国最有钱的人。后人说“蒋家天下孔家财”，事实上，当时的宋家兄弟更是财神。有一首打油诗这样写宋家三兄弟：

宋家三子三只龙，
民国银行全姓宋。
见了三子喊经理，
保证让你没错称。

对一帆风顺的子文来说，1931年7月23日是一个他永远不会忘记的黑色日子，这一天的上午，妈咪倪桂珍与世长辞，永远离开了她心爱的儿女们，而这一天的下午，子文在上海火车站遇刺。

说起子文遇刺的原因，和蒋介石有莫大的关联。当时的蒋介石倒行逆施，逮捕了反对他独裁的国民党元老胡汉民，引起了大批党内人士的反对，国民党再次分裂，孙科在广州举旗，与南京政府分庭抗礼。

为了营救胡汉民，他的亲家林焕庭决定刺杀蒋介石。这个想法

BLUE

得到了孙科的支持，很快他们找到了对蒋介石深怀怨恨的暗杀大王王亚樵。王亚樵收了孙科的钱后，组织了“铁血锄奸团”，并很快实施了对蒋介石的刺杀。只是人算不如天算，蒋介石逃过此劫，暗杀失败。为了对孙科有个交代，王亚樵又决定刺杀蒋介石的要员宋子文，以示警告。

确实，事情太巧了。7月23日和宋子文乘同一列火车的还有日本驻华公使重光葵，这个人也是日本军人要刺杀的目标，而且，行动日期也定在7月23日。原来，日本军人企图刺杀重光葵后栽赃中国，挑起军事冲突。

王亚樵的手下无意间得知了日本人的计划，大吃一惊，他们知道，如果两个刺杀都成功了，日本人自然会将责任推到“铁血锄奸团”身上，到时候就是跳进黄河也洗不清了。然而，王亚樵的手下已经开始行动，来不及阻拦了，他们最后决定在宋子文和重光葵下车时鸣枪示警，阻止日本人的行动。

这天，毫无防备的宋子文和重光葵按时下了车。重光葵走在前面，宋子文在后面不远。王亚樵的手下一见此景马上开枪示警，王亚樵带的一批人却误以为是动手的信号，马上和宋子文的卫士枪战起来，一时间枪声大作，子弹呼啸而过，到处乱飞，乘客尖叫着四散逃命。

日本方面的人也开始动手，他们发现宋子文和一个穿着夏布衫、中等身材得人走在一起，认定那就是重光葵，马上开了枪。那个人应声倒下，子文跌跌撞撞地逃在了一边。王亚樵也看到了宋子文，枪弹同时招呼过去。

一场混战之后，两方面的暗杀人员看到地上倒着两具尸体，满意地撤兵了。只是他们没想到，第二天的《纽约报》登着大幅标题《子弹没有击中宋》——原来，那天被杀的是宋子文新婚不久的秘书唐腴胪和重光葵的贴身卫士，重光葵和宋子文均毫发未伤。

生涯何事多羁束

随着时光的推移，子文的仕途也开始出现风波，究其根本，还是子文的民主思想和蒋介石的独裁形成了尖锐的矛盾。子文曾经忿忿不平地说过："我好比绑在蒋介石战车上的一条狗！只有守家的份儿，没有喘气的份儿！"不止宋子文不满，蒋介石也不满，他需要一个对自己言听计从的财政部长，而非一个敢于反驳自己的下属，就这一点来说，哈哈孔（孔祥熙）显然更适合自己。

1933年，蒋介石任命孔祥熙为中央银行总裁。姐夫取代了小舅子，宋子文满怀失落地飞往欧美，参加美国总统罗斯福提议举行的世界经济会议。

宋子文一走，新官上任的孔祥熙开始极力报答蒋介石的"知遇之恩"。银行成了蒋介石的私人钱袋，子文辛辛苦苦建立起来的金融秩序全被打乱了，银行家怨声载道。四个月后，子文从国外归来，见到这种情形十分生气，他和蒋介石、孔祥熙之间的矛盾一触即发……

这天，蒋介石和宋子文的积怨终于爆发了。这已经是蒋介石对共产党的多次"围剿"之后的事了，由于用兵无度，国库亏空，天生的经济头脑促使宋子文力主停止内战，减少军费，平衡开支，蒋介石怒不可遏，忍不住大骂起来："停战！人家要推翻我们，停他妈的什么战！南京政府到底是谁的天下？谁在当家？"说着蒋介石拍起了桌子："就是你对'剿共'不积极，不提供经费，否则'剿共'早就胜利了！"

"你是总指挥，仗没打胜，倒怪在我头上来了，真是岂有此理！"子文的书生意气也上来了。

"娘西皮！这是我蒋家的天下，你要不想'剿共'，滚蛋去球！"蒋介石眼睛都红了。

"你不要这么霸道！血口喷人！"

"娘西皮！我骂你，我还要打你！"蒋介石早就对这个大不敬的大舅子咬牙切齿，此时怒火攻心，甩手就是一巴掌。"啪"的一声，宋子文白净的脸上顿时出现了一个清晰的巴掌印。

"国舅"晕了："你敢打人？"书生的隐忍抛到脑后，宋子文抄起一把椅子就要砸过去，侍从们赶快奔过来，拦住了"国舅"。

被送回官邸后，宋子文长吁短叹，懊丧不已："当财政部长跟当蒋介石的一条狗没什么两样！甚至还不如他的一条狗！"

妻子张乐怡年少时的欢快神情也开始被忧愁取代，她含泪给丈夫递上一杯水。

子文心烦意乱，一个翻身爬起来，刷刷几笔写好了辞职报告。张乐怡不知该如何是好，打通了宋家大家长霭龄的电话。

虽然已是深夜，霭龄和美龄还是很快就来了。一个安抚弟弟，一个鼓励哥哥，宋家兄妹的感情一直不错。有了亲人的安慰，子文感觉好多了。美龄回去后和蒋介石大闹了一场，逼着老蒋承认错误，接着立字为证，保证从此不再加害子文。蒋介石这次还是守信用的，虽然子文日后一直和蒋介石矛盾重重，但是蒋介石再也没动过自己的大舅子。

不惑之年的生日宴会结束没多久，宋子文再一次开始了为巩固自己地位而进行活动了。在被蒋介石免去财政部长之后，宋子文和弟弟子良、子安筹建了中国建设银公司，倚仗宋家兄弟和政府的关系，中国建设银公司财源滚滚，在全国各地都有自己的分公司，"兄弟店"给宋家带来了数不尽的财富。子文自然是最大的股东。子良、子安也受益匪浅，他们两个都被人称为"宋千万"，从这个绰号上可以看出，两人的财富实在难以估量。

钱财增加的同时，宋子良也开始了拈花惹草，还惹出了不少事端。

1934年仲秋，一个风雨交加的深夜，黄浦江和长江交汇处的吴淞口笼罩在浓厚的黑幕之中。突然，一艘小火轮鬼鬼祟祟地从黄浦江驶入吴淞口外宽阔的长江江面。这里大风呼啸，浊浪滚滚。

当小火轮上下颠簸、左右摇晃地驶进江心时，船舱中钻出几个凶神恶煞的大汉，他们朝江面张望了一番后，又从船舱里拖出一个身上五花大绑，嘴里塞着毛巾的女人，那个女人已经处于昏迷状态。

一个大汉骂了一句："臭婊子，看你还闹，今天让你尝尝'栽荷花'的味道。"说完，几个大汉轻而易举地将那女人高高举起，扑通一声扔进了长江。那女人披头散发的脑袋在浊浪中浮现片刻后，便被汹涌的江水吞没了。

“看你还嚣张不嚣张？”一个大汉搓着手掌骂了句。

“可惜了，这么个美人，咱们应该先享受享受。”另一个色迷迷的，一副垂涎欲滴的样子。

“你摸也摸够了，也不算吃亏，我还没摸呢。”又一个忿忿不平。

“唉，也太心急了点，怎么说也该咱们享受一会儿再杀了她。”又一个感叹不已。

听了这话，几个人都觉得有点舍不得，于是一齐趴在船舷上看了一会儿，希望能看到尸体，可是只有浊浪在星光下闪着诡异的光亮。

这个被扔进长江的女人，是身怀六甲的上海滩维也纳歌舞厅的舞女张小姐，她是宋子文二弟宋子良的情妇，她腹中的胎儿，就是宋子良的孽种。堂堂宋家二少爷钟情的女人和他的骨肉怎么会遭到如此毒手？此事还要从头说起。

宋子良在上海滩，其名声虽然比不上他哥哥和三位姐姐，但也是个炙手可热的人物，因为他有财有势，既是皇亲国戚，自己又身居要职。不过，宋子良有个弱点，这个风流倜傥的公子喜欢漂亮女人。有一天，宋子良到维也纳舞厅跳舞，舞女张小姐一下子就吸引了他的目光。这个张小

※ 亲密的姐弟关系，却因各自利益的得失，而越来越疏远。此时的亲情显得有些不堪一击。

※ 宋子文离去，蒋介石面露欢颜，而宋美龄却为此愤愤不平，毕竟一奶同胞，血浓于水。

姐貌美如画不说，而且舞技一流，一旦开始跳舞，任是正人君子怕也要被吸引，更不用说是宋子良了。而且她年纪轻轻，擅长打扮，显得又漂亮又高贵，看起来根本不像个卑贱的舞女，宋子良一见钟情，神魂颠倒。

张小姐知道子良的身份后也极力奉承，这些可怜的舞女哪个不想傍上一个阔佬，从此告别风尘呢？她施展手段，很快迷倒了宋子良。从此，宋子良频频约张小姐跳舞、看戏、吃饭，为张小姐购买衣服、首饰。不久，又在一家豪华旅社包了一间客房，作为长期与张小姐的幽会之所。

不过，对于子良来说，迷恋舞女是常事，他并不想为此负责，只要给钱就好了。几个月后，当宋子良对张小姐失去了兴趣，准备在外面另觅新欢时，有一天张小姐突然告诉宋子良她怀孕了，宋子良吃了一惊。他拿出了几千元钱，要张小姐去打胎，从此两人一刀两断。但张小姐不肯，她原想用孩子留住子良的心，从此做他的外室，如今见子良无意要这个孩子，于是转了念头，提出要10万元，作为她母子俩今后的生活费。

宋子良只不过是玩一个舞女而已，哪里肯付出如此巨款！张小姐的态度却越来越硬，她扬言如不答应她提出的条件，就要将她与宋子良秘密姘居并怀孕的事情捅到报纸上去。

如果此事真的捅到报纸上，无疑是宋家的一大丑闻曝光。宋子良见事情不妙，便跑到杜公馆，请大名鼎鼎的青帮头子杜月笙帮忙。

杜月笙与宋家有着千丝万缕的联系，他离不开宋家，宋家也离不开他。他听宋子良说完事情经过后，一口答应此事由他出面解决，并说保证做到干净利落，不留后患。

几天后，杜月笙派手下人找到张小姐，说请她到中汇银行去一次，自有好处。张小姐得意扬扬，以为宋子良已经怕了她，准备掏

※ 自古红颜多薄命，无论在何种时代，女性的自立就是对自己最好的关爱。

※ 此时的外滩上，平常的百姓为生活而艰辛地忙碌着，而彼时的黄浦江上却是恶浪滚滚。

钱了，这一次是让她到银行取钱的。她兴冲冲地来到法租界老北门大街上的中汇银行。

到了银行，一个衣冠楚楚的人迎了上来："请问，你是张小姐吗？"

"是的。"

"请跟我来。我们经理要和你谈一笔款子。"

兴冲冲的张小姐被引进一间密室。她毫无戒备地走了进去。谁知道脚刚落地，门立刻被关上了。四条大汉扑上来，其中一个一拳便把她砸翻在地。张小姐极力挣扎，但是一个怀孕的女子自然没办法和几个彪形大汉对抗，她被打昏了。大汉们绑住她的手脚，在她的嘴里塞上了毛巾，然后把她装进了麻袋。

天黑后，几个黑漆漆的身影抬着麻袋上了小火轮，小火轮驶进吴淞口时，麻袋被扔进了长江。

这四条大汉都是杜月笙的手下。

宋子良以两条人命的代价，"干净利落，不留后患"地解决了一桩风流债。虽然是自己的骨肉，然而狠起来，子良也会翻脸无情。

两年后，法捕房副总监饶伯泽在处理刺杀大世界经理唐嘉鹏案件时，意外地发现了张小姐遇害的一些线索，经过他亲自侦查，终于掌握了全部内情。但此案涉及国民党政府显要人物、宋美龄的弟弟宋子良，饶伯泽不敢擅自行动，打电话请示法国政府，法国政府当局也不想为一个舞女与国民党政府搞僵关系，故迟迟不予答复。

不久，抗日战争与欧洲大战先后爆发，此事不了了之。宋子良的风流债告一段落。

再来说说大哥宋子文。在震惊中外的西安事变中，宋子文扮演了一个重要的角色，凭着他和张学良的私交，他帮助妹妹一起活动，向张学良要求释放蒋介石。张学良不无忧虑地答应了宋家兄妹的要求——东北军和西北军都在极力劝阻他这么做，宋子文还拍着胸脯保证了蒋介石被释放后张学良的安全。此时的子文忘了自己的遭遇，从根本上说，子文还是个书生，他想不到蒋介石的险恶，也想不到像蒋介石这样身份的人也会食言。

张学良护送蒋介石回到了南京，然而他却被软禁了起来。宋子文深感对不住多年的老朋友，于是尽自己最大的努力试图让他过得好一点。宋子文常常带

※ 无论宋家姐妹怎样地尽自己的努力去关心张学良一家，也不能给予他宝贵的自由。图为囚禁时的张学良（右一）。

着子良、子安一起探望张学良，会面的气氛通常是充满了感伤，就连张学良这个硬汉子也忍不住哽咽难言，宋家三兄弟也显得十分难过。逢年过节或是张学良身体不适的时候，子文总会来电问候，或者寄来自己精心挑选的礼物，对于张学良夫人于凤至，他也极尽关照。事实上，最近披露的材料表明，在西安事变以前，宋子文正准备将女儿嫁给张学良的儿子，然而，这一场谁也意想不到的变故使得两人结为姻亲的愿望落空了。

宋家的小儿子子安一直是宋家兄弟中很少被人提起的一个，不过，在抗战时期，子安却以一次漂亮地还击日寇的进攻，而成了一位人人称道的抗日英雄。

当时的宋子安担任西南运输公司的总经理，因为战事吃紧，为了把后方物资尽快运送到缅滇前线，宋子安丢下已经怀孕的妻子胡其瑛，亲自带着23辆物资车，在恶劣的气候下昼夜兼程，终于到达了缅滇边境。宋子安松了一口气，

※ 在西安事变后，宋子文觉得愧对朋友，一怒而走上海，张学良从此失去自由逾半个世纪。

正要指挥车队尽快越过国界时，四架低空飞行的日本轰炸机却忽然追了上来，对运输车开始了轰击。前面的几辆车开始着火，司机们紧张极了，押车的士兵也六神无主，不知道该如何应付情况。宋子安临乱不慌，斩钉截铁地下了命令："你们不是都带了武器了吗，给我开炮！"士兵们定了定神，一起向敌军发起了顽强的反击，当第二批日军飞机飞来时，其中一架冒着黑烟落了下来，其余的几架见势不妙，赶快逃走了。士兵们欢呼起来，宋子安却并不懈怠，连忙指挥运输车驶离了国界。

物资的及时补给使前线士气大振，并取得了斯瓦逐次大捷。子安带着荣耀回家，胡其瑛也顺利生产，子安的第二个儿子宋仲虎来到了世间，真可谓双喜临门。

随着抗战局势的日趋紧张，因政见不合而分散的宋家三姊妹开始重新携手，可是，宋家三兄弟和姐夫孔祥熙的矛盾却一步步加深，尤其是子文，他和孔祥熙的紧张关系，简直到了水火不容的地步。矛盾的焦点，无非在于财政大权和财政方略的问题。孔祥熙这个"圣人"之后，因为一副笑模样被称为"哈哈孔"，不过"哈哈孔"却不傻，在掌握财政大权后便率领两个儿子千方百计地聚敛财物，孔家一时荷包鼓胀，宋子文对他的行径极度不齿。再加上子文前几年的心血之作——中央银行自从孔祥熙接管后，简直成了蒋介石和孔家人的私人账房，而国家财政却搞得一塌糊涂，子文忍无可忍。

蒋介石让"哈哈孔"接替了总是跟自己作对的宋子文，一时间倒也耳根清净，孔祥熙对他的要求从来是来者不拒，也绝不会像子文一样说什么"停止内战"之类的让蒋介石听了不舒服的话。对于这些，蒋介石倒是觉得挺惬意。可问题在于，自己耳根清净了，国库也日见虚空了，银行又是一笔糊涂账，看来用人还真不能只挑会奉承自己的！明白过来的蒋介石毫不犹豫地把孔祥熙赶下了台，重新任用了宋子文，这下，轮到子文笑了。

除了孔祥熙，宋子文还有个看不顺眼的人，那就是同为美国博士的胡适。1939年的圣诞，担任国民政府驻美大使的胡适接到了白宫的邀请函，他稍加思索后便列出了中方的出席名单。当时子文也在美国，自然也是列席人员，可是胡适不知道是故意还是无心，居然把大名鼎鼎的宋子文列在"一等秘书"的位置上，财政部长成了小秘书，子文忿忿不平。他一面给蒋介石发电说明此事，

※ 胡适，学者，诗人。以倡导“五四”文学革命闻名于世。因与孔祥熙交好，孔为自己利益向蒋进言将其派往美国任大使，但与宋子文颇有矛盾。

一面发着脾气不肯出席宴会。最后经过美国方面从中调解，胡适赶紧改正，风波才算停息。

不过，胡适对宋子文也没什么好感，正所谓文人相轻，两人都是美国大学毕业的人文博士，只不过一个是经济一个是哲学。在政府里，两人都是有头有脸的人物，如今较上了劲儿，这可比一般人闹别扭热闹得多。其实早在蒋介石准备重新起用宋子文的时候，胡适就惴惴不安，半夜里爬起来给蒋介石的贴身秘书陈布雷发电，说什么“弟向不满孔庸之（即孔祥熙）一家”，又是什么“子文个性太强”、美国对子文“印象颇不佳”，希望蒋介石多加考虑。蒋介石没听他的，照样任命了宋子文。可不巧的是，这封电文不久后孔祥熙和宋子文都知道了，从此胡适的对头就不止一个了。这次子文访美，蒋介石怕大使胡适为难他，还特地发了“私人代表”通行证，好让子文避开胡适，自由行动。

宋子文有了“私人代表”的护身符，对胡适也就不客气起来了。1940年6月，宋子文以特使身份再次飞往美国，他首先拨通了胡适的电话：“余今有事要与兄相商，今晚拟去访兄，请兄在大使馆相候，不见不散。”胡适一口答应，可是等到夜里12点还不见子文的影子。

胡适郁闷不已，回去睡觉，可是凌晨5点多电话就响了，子文欢快地说：“昨夜因事羁身，致未能趋访致歉安！今晚必准时去访！”

可是这天夜里胡适又白等了。折腾了两个晚上胡适都没睡好，干脆不等了埋头大睡，结果宋子文却突然到访，把胡适堵在了被窝里。这一番耍弄，胡适十分不满：“折腾得吾两宿没有睡安稳！”

可是子文还真没完没了起来，他又扯着胡适一起去拜见总统。胡适拗不过，就跟着去了，谁知道刚见到罗斯福，子文又一挥袖子示意他回去。气得胡适回去后对着秘书发了半天脾气。

不久，珍珠港事件发生，日本使节被赶出美国，记者就此事采访胡适，那时候他刚从外地回来，对此毫无所知，随口说：“尚无所闻。”谁料子文知道后大为不满，劈头盖脸地训斥了他一顿，气得胡适要辞职，直到蒋介石发电慰问才作罢。

就这样，这一对儿对头越闹越大，最后蒋介石不得不派人替换了胡适，两人的矛盾这才缓和下来。几十年后，子文在美国见到胡适，两人握手言欢，当年的积怨烟消云散，徒增谈笑时的话题罢了。

※ 宋子文虽效力于国民政府，可对毛泽东的领袖风范赞赏有加。图为毛泽东主席会见宋子文。

※ 绿树成荫，繁花似锦，却难掩那黯然的寂寞。图为宋子文旧居。

寂寞繁花尽，流莺归莫来

几年的恩恩怨怨，转眼已经是抗战胜利的时候。在子文的请示下，蒋介石于1945年10月批准成立“行政院收复区”，“全国性事业接收委员会”，处理接收日军侵占地区事务。如此一来，形形色色的接收大员涌入收复区，巧取豪夺，时人说：房子、车子、条子（金子）、女子、票子，五样全收，被人们叫做“五子登科”。宋子文无力改变这种弊端，不过，他还是尽量从这些为自己捞钱的人手中“抢”下了一笔财富，收入国库，只不过后来大半被蒋介石拿去打内战了。

然而，蒋介石的内战需要的可不止这一笔钱。不久，宋子文不得不再次另想办法为国库攒钱。他想出了发行金圆券的方法。按照他新出台的规定，沦陷区的银券5元兑换法币1元，并限定期限、限量兑换；而事实上，沦陷区的银券和法币的实际购买力为0.5：1。通过这种方法，国民政府共攫取了2亿美元。

金圆券不久开始贬值，不仅每天贬值的程度不同，甚至每一个钟头都和下一个钟头价值不同，大批金圆券变成了废纸，老百姓怨声载道。

民怨难平，宋子文强打精神在国民党的六届二中全会上作了政府报告，名为报告，实则是检讨，可是国会在场的人居然当面喝起倒彩，宋子文难堪不已。

在此事的影响之下，1946年3月，子文被迫辞去行政院长一职。闭门不出的子文心中无数块垒，也只有妻子张乐怡可以宽慰一二了。对此事，妹妹美龄对美国大使司徒雷登说：“他们把我哥哥当替罪羊了！”这一句话倒是正中要害。子文就是一只可怜的替罪羊。

为了挽回影响，宋子文于1947年捐献了他在中国建设银公司的全部股权1800亿元给国民政府——准确地说，这应该是三兄弟共有的财产，以解决政府面临的经济危机。这次捐款多少弥补了他此前的败局。一周后，子文接到了国民政府传达的广东省政府委员兼主席的任用令。然而，此时的蒋介石政府，已经是一天不如一天，子文上任一年多，解放军的凌厉攻势已经让蒋介石手足无措，宋子文预感到，蒋介石大势去矣……

宋家三兄弟都有收听“敌台”的习惯，这天，他们又凑在一起收听来自中国人民解放军的前方战场报道，不过，消息是令人颓丧的——解放军的辽沈、淮海、平津三大战役全面结束，国民党精锐

※ 1945年4月，中华民国出席联合国代表全体合影。前排中间者为宋子文。

部队几乎被全部摧毁，蒋介石再无还手之力。

新闻结束了，三兄弟一时都保持着沉默。许久，子安走过去关上了按钮，三人来到客厅，又是一阵难忍的沉默。

“大哥，我看我们得提前离开大陆了。”子良打破了沉默。

“到哪儿？”子文脸上都是迷茫。

“到美国，到台湾，或者到就近的香港。”子良一口气说出一堆备选地。

子文没说话，他在思索。

“老蒋那里，我约摸也会有打算，你没有问过吗？”子安说。

“你还不知道老蒋的脾气，我去问他？那不是找钉子碰吗？”

子文叹了口气：“这年头就是爹死娘嫁人，各人顾各人，他去的地方我们不能去！这是一条原则。”

“为什么？”

“昨天那份材料，你们也看到了，老蒋手下的人还在散布舆论想整死我，要求我把盗用的公款，至少充公一半。我们何必在他身边受那个气！”

“我们兄弟不是拿出了1800亿吗？再要我们拿，没门！”子安叫道。

子良忽然想到了霭龄，她已经去了美国，要是这样的话，三兄弟也去美国就好了。

不过，子文更慎重：“眼下去不了，不能一步到位，容易招人误会。先到香港，观察一下再说。现在仗没打完，局势兴许会好转？”

又是一阵沉默，局势兴许会好转，三个人都明白，这不过是安慰自己而已。

最后商定的结果，子良和子安先到香港，安排转移三兄弟银行

※ 无限风光成往事，何妨乘风远行，终老异乡。

※ 当年枝繁叶茂的宋氏家族，随着成员的一个个凋零，也渐渐地零落了。图为宋子安。

资产事宜，子文随后也过去了。

第二天，子良和子安走了，子文本想多待几天，没想到形势急剧变化。三天后，共产党已经摧毁了蒋介石的政府，绝望的子文很快辞职，和妻子张乐怡一同飞往香港。

出现在机场的宋子文穿着双排扣西服，面色凄惶，妻子张乐怡披着貂皮大衣，高雅华贵，可是她戴着一副大墨镜，了解内情的人知道，墨镜后面，张乐怡的眼睛已经哭肿。

到香港没过多久，宋子文坐不住了，他迫切地想回去看看。3月25日，他乘飞机秘密飞回广州，住进了子良在广州的私邸。三天后，他会晤了在溪口老家

※ 夕阳无限好，只是近黄昏，唯有归去。

的蒋介石，两人彻夜长谈。亲情代替了矛盾，蒋介石放下架子，第一次和大舅子推心置腹，这也是他们在大陆的最后一次握手。之后，宋子文转飞香港，接着去了法国。蒋介石逃往台湾岛后，子文便从巴黎飞到美国，和子良、子安一起开始在纽约定居。没过多久，正在积极活动给台湾“政府”争取外援的子文听说了中华人民共和国成立的消息，顿时呆若木鸡。

之后的日子显得很平静，子文在美国安分守己地当起了“寓公”——他有大量房产，租出去给人住，以租金度日。子良和子安从事石油股票、商品期货和新技术交易等行业，闲暇时也和子文聚会，霭龄和美龄也时有参加。但是，子文对孔祥熙的怨恨一直没有消释。

1963年，子文接到蒋介石的邀请函，请他到台湾岛访问。年纪大了，子文也很想回去走动走动，于是便接受了邀请，带着张乐怡飞到了台北。和蒋介石的见面是愉快的，可是宋子文并不想掏钱支持蒋介石的“反攻”大计，蒋介石

※ 在人间争斗了半生的孔祥熙和宋子文，去世后却又成了“邻居”，不知在另一世界的他们可还会继续人间的故事？

也无可奈何。

1967年，姐夫孔祥熙去世。子文还是一副读书人的迂腐脾气，他看不惯孔祥熙，于是不顾姐弟之情，居然没出席孔祥熙的葬礼，大姐霭龄从此对这个弟弟心存芥蒂。

1969年的某一天，子文得到了小弟子安在香港病逝的消息。宋子文亲自赶赴香港，主持了子安的葬礼。葬礼上，子文老泪纵横。没过几天，二姐庆龄发来了唁电，亲情占据了子文的心灵，他是多想回去看看亲爱的二姐呀！

1971年4月，子文已经是77岁高寿了。24日晚上，子文和张乐怡应邀到老朋友爱德华·尤的家里做客。

这一天子文十分高兴，他吃了很多，老朋友的菜实在是太合他的口味了。张乐怡有点奇怪，丈夫平日饭量不大，今天怎么这么能吃?

谁也没想到，这居然是宋子文最后的晚餐。当精心烹制的大菜“清炖龟肉”端上来时，按规矩，子文只需要喝点汤就可以了，可是子文兴致很高，居然又夹了一块龟肉吃了起来。可恰恰就是这块肉要了子文的命，这块肉卡在子文喉咙中，子文面露恐惧地倒在了地上，没等送去医院，子文就已停止了呼吸。

消息传来，宋家姊妹大为震惊，同时流泪不止。美国总统为了接近当时的新中国政府，电邀庆龄来美参加葬礼，并开始积极准备三姐妹在美国的会面。庆龄接到邀请函后马上准备动身，没想到，一听到庆龄要来，美龄就不来了，因为政见的关系，她不能和二姐见面。然而，各种不同的原因使得庆龄最终没能参加葬礼，美龄也没来，大姐霭龄躺在医院里，自然也不能来，美国总统觉得自己颜面尽失，也借故没有出席。就这样，风光了一世的宋子文，入棺时只有弟弟子良一个人在身边。颇有讽刺意味的是，宋子文死后，遗体也安厝在了芬可里夫墓园的市内灵殿，并和孔祥熙遗棺放在了一起。

子文去世后，张乐怡孤独地生活了17年，1988年在纽约去世。

1973年，宋霭龄去世，宋子良孤孤单单地留在美国，此时的他身患重病，家产也已经花光，只能靠亲属接济。二姐庆龄一直和他保持着联系，在最困难的时候，两人通过书信互相鼓励。然而，天下没有不散的筵席，1981年，庆龄因病在北京去世。

1983年，孤零零的宋子良在纽约一家医院静静地闭上了眼睛，走完了他丰富多彩的一生。

此时，宋家第二代人在世的只剩下美龄了。

※ 虽笑容可掬，可江河日下，风光不在，无限凄凉。

后 记

宋家的后人目前大部分在美国定居，他们深居简出，很少在公共场合露面，也没有人从政。

先从霭龄说起，她的四个孩子，长女孔令仪2008年8月22日在美国纽约病逝，时年93岁；长子孔令侃、二儿子孔令杰和二女儿孔令俊已去世多年。四个孩子中，只有孔令杰有一个儿子，孔令俊终身未婚，孔令仪和孔令侃都没有子嗣。孔家人凭着精明的生意人头脑和霭龄夫妇留下的大笔财产，现在仍活跃在生意场上，孔家的后代生活十分富裕。几年前，在孔家大家长孔令仪的主持下，他们拍卖了美龄在美国居住过的那栋大别墅。

庆龄一生无儿无女。晚年时，她十分宠爱警卫的两个女儿隋永清、隋永洁，很多人认为这两个女孩子是庆龄的养女。不过，庆龄自己从来没说过这样的话，但是，她对两个女孩子的溺爱是有目共睹的。隋永清后来嫁给了一个演员，隋永洁赴美读书，最后在美国和一个意大利人结了婚。

美龄也是无儿无女，据称，最近披露的蒋介石日记中，曾有她婚后不幸流产的记载。蒋家的后代枝叶凋零，第二代、第三代男丁都已辞世，第四代长男蒋友松2002年在美国同徐子菱结婚，当时尚在人世的美龄也发去了贺电。

宋子文和张乐怡共有三个女儿：长女宋琼颐，丈夫冯彦达，他们生育了两个儿子：冯英祥和冯英翰；二女儿宋曼颐，丈夫余经鹏；三女儿宋瑞颐，丈夫杨成竹。目前，三家人都在美国定居。2004年，冯英祥向美国斯坦福大学胡佛研究中心捐赠了2000多件关于宋子文生平的秘密文件，不过，大部分文件目前尚未公开。

宋子良和妻子席曼宁有一个女儿，但是外界很少知道她的消息。

宋子安和妻子胡其瑛有两个男孩，在宋子安去世后，胡其瑛到美国学习了几年，之后嫁给了一个埃及人。他们的次子宋仲虎现居美国加州，是位企业家，并为教会工作，他和妻子曹璃璇共养育了元爱、元孝、元顺三个孩子，算是宋家人丁最旺的一支。最近几年，他经常出现在各种媒体。

…………

显赫一时的宋家王朝，如今旧日的风云人物都已作古，只有史书能见证他们昔日的辉煌了。

宋氏家族族谱

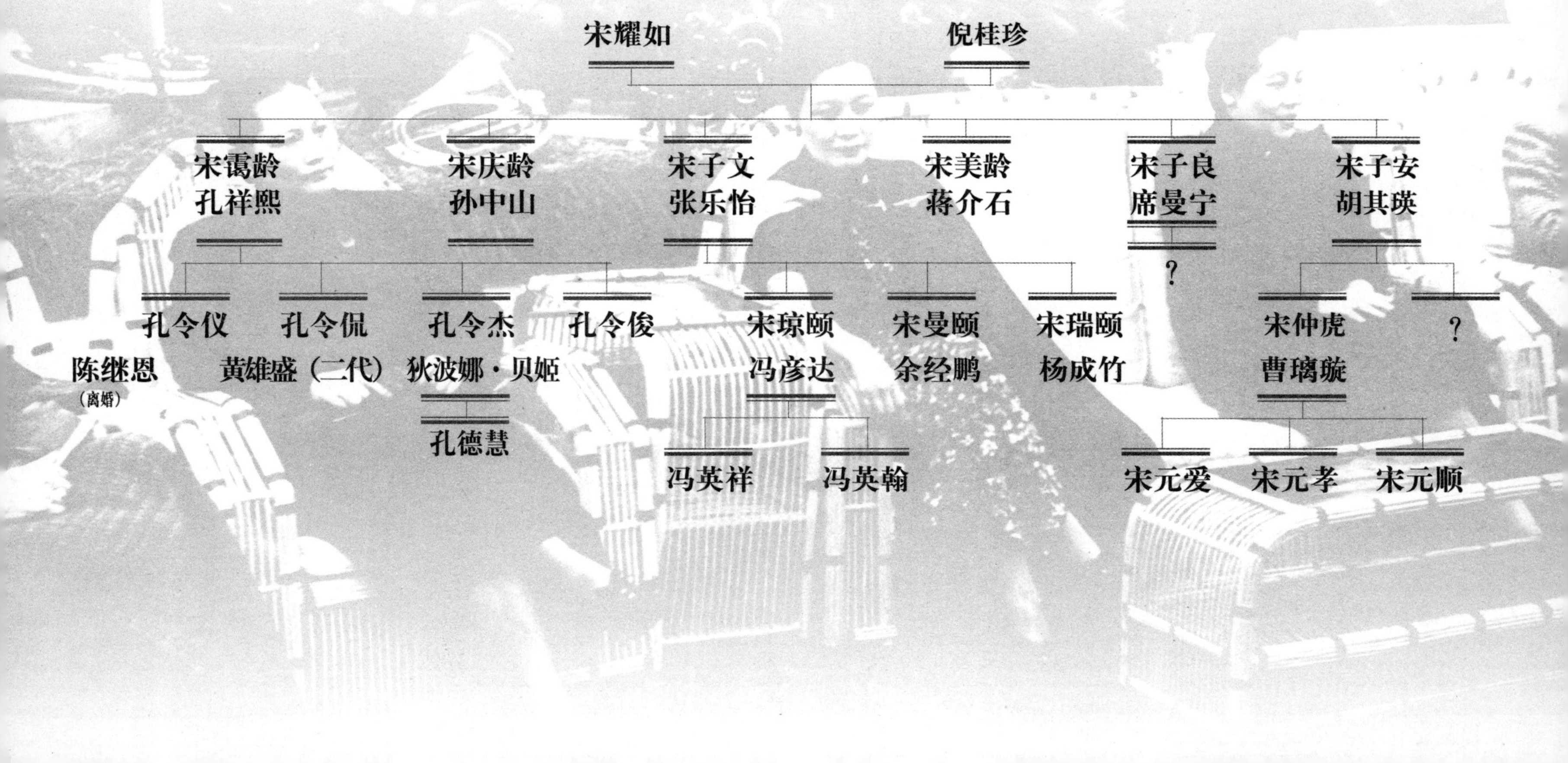

宋耀如
倪桂珍
宋霭龄
孔祥熙
宋庆龄
孙中山
宋子文
张乐怡
宋美龄
蒋介石
宋子良
席曼宁
?
宋子安
胡其瑛
孔令仪
陈继恩
（离婚）
孔令侃
黄雄盛（二代）
孔令杰
狄波娜·贝姬
孔德慧
孔令俊
宋琼颐
冯彦达
冯英祥
冯英翰
宋曼颐
余经鹏
宋瑞颐
杨成竹
宋仲虎
曹璃璇
宋元爱
宋元孝
宋元顺
?